中國学術思想
研究輯刊

十一編
林慶彰 主編

第26冊

張載思想之研究
方蕙玲 著

花木蘭文化出版社

國家圖書館出版品預行編目資料

張載思想之研究／方蕙玲 著 — 初版 — 新北市：花木蘭文化
出版社，2011〔民 100〕
序 2+ 目 2+158 面；19×26 公分
（中國學術思想研究輯刊 十一編：第 26 冊）
ISBN：978-986-254-472-3（精裝）
1.（宋）張載　2. 學術思想　3. 宋元哲學
030.8　　　　　　　　　　　　　　　　100000804

ISBN-978-986-254-472-3

9 789862 544723

中國學術思想研究輯刊
十一編　第二六冊　　　　　　　ISBN：978-986-254-472-3

張載思想之研究

作　　者　方蕙玲
主　　編　林慶彰
總 編 輯　杜潔祥
出　　版　花木蘭文化出版社
發 行 所　花木蘭文化出版社
發 行 人　高小娟
聯絡地址　新北市永和區中正路五九五號七樓之三
　　　　　電話：02-2923-1455／傳真：02-2923-1452
網　　址　http://www.huamulan.tw 信箱 sut81518@ms59.hinet.net
印　　刷　普羅文化出版廣告事業
封面設計　劉開工作室
初　　版　2011 年 3 月
定　　價　十一編 40 冊（精裝）新台幣 62,000 元

張載思想之研究

方蕙玲　著

作者簡介

姓名：方蕙玲
學歷：東海大學哲學博士
經歷：東吳大學、淡江大學、台北護理學院、陽明大學、台灣科技大學、台灣藝術大學兼任教師
現職：明新科技大學專任副教授
學術專長：中國哲學、易經、生死學、女權主義

提　要

　　本書除緒論外，共計五章十七節，凡十三餘萬言。緒論部分除敘述張載之身世經歷、思想背景與依據，及與諸子間之交往關係外，亦針對其易學立論之基礎──周易經傳之內容做一粗淺之交待。

　　第一章敘述張載易學之宇宙論，透過其對太虛、太和、道、氣與陰陽之立論，將張載所構做之動態的宇宙觀呈現出來，為其合人道於天道之理想，做一理論奠基之工作。

　　第二章敘述張載易學之人性論，除以「善反」活動為溝通形而上下之特性外，尚透過盡性活動中意志趨向義理之性質，指出人性自由之基礎；最後並藉心之作用，使人道與天道得以契合，完成其所欲達致之價值宇宙論。

　　第三章敘述張載易學之涵養論，藉由對變化氣質與涵養歷程之說明，指出盡性之主要精神，是藉公志之得以遂行、生民大利之得以完成，來延長一己有限生命之價值。

　　第四章敘述張載易學與周敦頤易學思想之異同，說明周子宇宙論中欲合有無之用心，以及其所未竟之主張，並對照張載之宇宙論，指出二人同異之處。

　　第五章敘述張載易學與程伊川易學思想之異同，除指出二人學說所立基之角度有所不同之外，亦將伊川以宇宙自體開發視為最終目的，與張載視生物不已為宇宙最終目的，二者之不同加以指出。

　　最後，於結論之中，將張載援引先秦儒學入易之精神再次凸顯出來，並以之為其易學最大之貢獻。

目次

序　言

　　謹將此篇論文獻給愛我、育我、撫我以成，目前又再度為我分勞解憂、教養女兒的親愛父母——方崇智先生與郭梅仔女士，沒有他們長久以來的支持與鼓勵，這篇論文斷不至於圓滿完成，如果這份小小的研究報告也算是一種成就的話，我願將此榮耀完全歸屬於他們。同時，也感謝妹妹方蕙琪在工作之餘常為我分擔育女之工作，以及外子池歆華在繁重的工作量外，犧牲休息與睡眠的時間，一鍵一字的為我完成電腦打字與校對之工作，若非他們的從旁協助，我這一路走下來，勢必備加辛苦。

　　此外，在本論文撰寫期間，得感謝恩師魏教授元珪先生的悉心指導，與信念上的支持，使得我能大膽的暢所欲言，學習如何表達一己之理念，亦感謝論文口試時，中興大學的朱教授維渙先生、台灣大學的張教授永儁先生、政治大學的曾教授春海先生，與東海大學之蔡教授仁厚先生（以上次序乃按姓氏筆劃排列），四位先生之熱心指正，不但使我的論文得以避免許多不必要之錯誤，亦令我獲益良多。由於要感謝的人太多了，謹在此謝謝所有關愛我、鼓勵我的師長與朋友，沒有大家的愛，就沒有這份小小的成果，謝謝！

緒　論

壹、生　平

　　張載，字子厚，生於宋眞宗天禧四年（西元 1020 年），卒於神宗熙寧十年（西元 1077 年），享壽五十八歲〔註1〕。張氏世居大梁（今河南開封）〔註2〕，三代皆仕於朝。祖張復曾仕於眞宗朝，任職給事中及集賢院學士，贈司空。父張迪仕仁宗朝，曾任殿中丞，知涪州事（今四川涪陵），贈尚書都官郎中。至張載，則因際遇輾轉任職於地方及朝中。嘉祐二年（西元 1057 年）舉第前曾於京師講易，後受邀於故相文潞公而講學於長安學宮。至登進士第，則先後任職於祁州司法參軍（今河北安國縣）、丹州雲巖縣令（今陝西宜川縣），並以著作佐郎簽書渭州軍事判官公事（今甘肅平涼），雖任地日遠，但此後十二年當中（自仁宗嘉祐二年至神宗熙寧二年，西元 1057～1069 年），卻能於地方上確實推行其政治理念。張載曾自述其爲學曰：「吾學既得於心，則修其辭命，辭無差然後斷事，斷事無失，吾乃沛然。」觀其一生所學，誠如《宋元學案》所述，乃「以易爲宗，以中庸爲的，以禮爲體，以孔孟爲極。」而其於務實地方政務的十二年之中，確無不以禮法爲敦本善俗之器，化民之深可見諸學案「俗用丕變」一語。是以張載雖於舉仕之前即享有

〔註1〕 關於張載之生卒，史冊並無詳實之記載，至若《宋元學案》，卷十二〈橫渠學案〉，及呂大臨所著橫渠先生行狀中，亦僅言其卒於神宗熙寧十年十二月乙亥，年五十八歲。然以歷代視生辰爲一歲之禮俗來看，張載卒時實爲五十七歲，往前推去，則其生年應爲眞宗天禧四年。至於西曆之年代，則參考正中書局出版，賈虎臣先生所編著之《中國歷代帝王譜系彙編》一書。

〔註2〕 以下地名之現址，乃參考商務出版，繆天綬選註之《宋元學案》，及黃秀璣所著《張載》一書。

盛名，然此十二年之實務經驗，料想必予其以「斷事」之機，是以日後學說梗概雖以天道為其立基之處，然論及人事，則無不以禮為首出，影響不可謂之不大。

　　張載戮力於地方政務之政治生涯，結束於神宗熙寧二年（西元 1069年），時年御史中丞呂晦叔因上力圖精進，思欲變革，是以薦之於朝曰：「張載學有本原，四方之學者皆宗之，可以召對訪問。」既見，上問治道，皆以漸復三代為對，並言「為治不法三代，終苟道也。」（見《宋元學案》，卷十二〈橫渠學案〉）。上悅之，除崇文院校書，後因與執政王安石不合，又逢浙東明州苗振（今浙江慶元）有獄事，即遣之往行。獄成還朝，復因弟張戩為新法以言得罪於執政，是以託疾謁告西歸，居於鳳翔郿縣橫渠鎮南之大振谷口（今陝西郿縣）故居，時當神宗熙寧三年（西元 1070 年）。往後七年之間，張載夙夜匪懈，致力於學，其向學之心切，可觀諸其論芭蕉之詩篇。其詩云：「芭蕉心盡展新枝，新卷新心暗已隨，願學新心養新德，旋隨新葉起新知。」呂大臨於所書之行狀中曾形容其為學「終日危坐一室，左右簡編，俯而讀，仰而思，有得則識之，或中夜起坐，取燭以書，其志道精思，未始須臾息，亦未嘗須臾忘也。」由此可見其治學不以異秉，完全靠苦心力索而成，雖則明道因其著《正蒙》時處處置筆硯，得意即書，因此曾謂之：「子厚卻如此不熟」〔註3〕，然張載則自述其行曰：「學者潛心略有所得，即且誌之紙筆，以其易忘，失其良心。若所得是，充大之以養其心，立數千題，旋注釋，常改之，改得一字即是進得一字。始作文字，須當多其詞以包羅意思。」〔註4〕如是精思力踐，是以其學雖博大而雜，並偶有晦澀難懂之處，「高處太高，僻處太僻。」然義理曉暢，自成體系，既或伊川亦贊其「道儘高，言儘醇。自孟子後，儒者都無他見識。」〔註5〕而朱子更是直謂其用功最是「親切」。

　　張載於橫渠故居治學六年之後，熙寧九年秋，門弟子集所立之言成冊，訂為《正蒙》。據其自述「此書予歷年致思之所得，其言殆於前聖合與！大要發端示人而已，其觸類廣之，則吾將有待於學者。」是知此書乃張載畢生思想之精華，其重要性可見一般。熙寧十年春，因秦鳳帥呂微仲之薦，復召還館，同知太常禮院，行前張載猶懷抱希望，冀能有所作為，因語人曰：「吾

〔註3〕見《宋元學案》。
〔註4〕見《張載集》，〈經學理窟・義理篇〉，頁275。
〔註5〕見《宋元學案》。

是行也，不敢以疾辭，庶機有遇焉。」然終因與禮官不合，復因郊廟之禮之不致嚴，欲正之而莫能，心生不悅，會有疾，即謁告西歸，中道疾甚，卒於臨潼館舍，遺有一子張因。歿之日，身側僅有一甥，阮囊羞澀，待次日長安門人前來奔喪之時，始善其身後，並卜於次年三月而葬。

張載一生為人謹嚴，言必有物，曾謂「戲謔直是大無益，出於無敬心，戲謔不已，不惟害事，志亦為氣所流，不戲謔亦是持氣之一端，善戲謔之事，雖不為無傷。」〔註6〕言下之意，開玩笑或幽默之行亦會壞了志氣，誤了事情，其嚴肅可見一般。然其律己雖嚴，待人卻十分寬和，其還政鄉居時期，雖至貧，然遇門人之無貲者，雖粗糲亦與共之，而治家接物，亦以正己以感人為法。是以呂大臨述先生行狀時謂之「氣質剛毅，德威貌嚴，然與人居，久而日親。」在施政上，張載亦以養民為先，然後教之，正如其後所言「教之必能養之然後信」，是以於渭州軍事判官公事任上，因邊塞之民糧本缺乏，又逢霜旱，即「言於府，取軍糧數十萬以救之。」而在職丹州雲巖縣令時，亦「以月吉具酒食，召鄉人高年會於縣庭，親為勸酬，使人知養老事長之義，因問民疾苦，及告所以訓誡子弟之意。」其務實之性格昭然若揭。由於務實，是以張載凡有所思，必欲驗之於事，事無誤，然後成論。如其為政要約復三代之治，而施為則以經界，亦即田畝之劃分為急。嘗曰：「仁政必自經界始，貧富不均，教養無法，雖欲言治，皆苟而已。」為驗其說「方與學者議古之法，共買良田一方，劃為數井，上不失公家之賦役，退以其私正經界，分宅里，立斂法，廣儲蓄，興學校，成禮俗，救菑恤患，敦本抑末，足以推先王之遺法，明當今之可行。」〔註7〕後雖因歿而有志未伸，其為論之謹嚴、尚實則殆無可疑。

綜觀張載一生，於政治上真正有所作為時期，僅限於外放之十二年間，至中朝，則徒有識見而有志難伸，無法遂行其政治理想。然亦因不得意於仕途，方使其致力於學，將畢生精思付之文卷，其得失實難論斷。

貳、思想背景

張載雖於學術上卓然有立，然觀諸史冊則並無明顯之師承，可知者乃其少年時曾與邠人（陝西邠縣）焦寅共游，因寅喜談兵，張載亦說其言，遂慨

〔註6〕見《張載集》，〈經學理窟・學大原上〉。
〔註7〕以上所引皆出自呂大臨所著之行狀。

然有志於功名。康定元年（西元 1040 年）二十一歲時〔註8〕，因朝廷用兵於西夏，遂欲聚眾取洮西之地（今甘肅洮河以西），並上書謁范文正公，後獲公之蒙愛，手授《中庸》一卷，並勉之以「儒者自有名教可樂，何事於兵！」遂志於道，始勤讀《中庸》，因感未足，復訪之於釋老，累年深究，知無所得，終回歸六經。這一段沈潛讀書之日子，至其有成講《易》於京師止（嘉祐元年），共計十六年，期間張載是否曾受教於他人，則史冊並無詳實交待，唯一可資確定者，其人非但遍覽六經，且出入於釋老，明其宏旨與儒學有異，是以畢生辨釋道尤力。此外，察其所著有《易說》一書，且嘉祐元年即於京師講《易》，則張載思想於此時當已略見規模，至於十二年後還政回歸故里致力於學，則可謂其自述「斷事無失，吾乃沛然」後之思想成熟階段。

自其學說大要來看，張載立說乃以宇宙論為其思想之基礎，其中又以氣為一重要觀念，並欲藉氣貫通形而上下之特性，做為溝通天人關係之主要依據，此一理論結構，實來自於其對於《周易》經、傳之理解，是以若就其說立基於《易》而言，則氣之發展當受前人易論影響，然就其太極之下迭論陰陽五行，並以坎、離二卦為天地交泰之始而論，則其受周濂溪《太極圖說》之影響深矣。至於張載與二程表叔侄間雖迭有往返，則正如伊川所言：「表叔平生議論，謂頤兄弟有同處則可，若謂學於頤兄弟，則無是事。」〔註9〕雖亦有二程少年之時曾遵父命受教於張載之說，然觀其屢以表叔稱之，則彼此僅限於交往，而無學說傳承之關係。

張載之學雖奠基於《易》，其宇宙論思想又深受前人易論之影響，然若論及人事，則宗孔孟，並沿《易》之時中思想至於《中庸》之至誠，可以說張載是以援儒義理之方法來推展其思想，乃直接反原於孔孟六經，特別是先秦《易傳》三才之道之精神，是故其學說乃承人道合於天道之預設，自涵養以達盡心盡性，然後得以弘道並可大可久。是以學者若有所問，輒告之以「知禮成性，變化氣質」之道，並以為「知人而不知天，求為賢人而不求為聖人，此秦漢以來學者之大蔽也。」〔註10〕學必如聖人而後已之期許，以及氣內涵之提出，二者實凸顯出張載欲結合務實與理想，求致形而上下貫通之用心，

〔註8〕按行狀及《宋元學案》，張載謁范文正公時，正當康定用兵之際，年十八，但據《宋史》，則張載時年二十一歲。按此，則張載上書之正確年代，如在康定元年，則應為二十一歲。

〔註9〕見〈程氏遺書〉，收錄於《張載集》。

〔註10〕見《宋元學案》，〈橫渠學案〉。

除賦予宇宙論以價值論之內涵外，亦提供孟子以來之心性論以先驗之基礎。是故張載重禮，認爲禮者理也，乃聖人之法，所以行其義者也，尊禮則能持性，持性謂之反本，如此則能上合天心而不畔道。〔註11〕

　　整體而言，張載之學雖無師承，但可以《宋史》〈張載傳〉中所述「其學遵禮貴德，樂天安命，以易爲宗，以中庸爲體，以孔孟爲法，黜怪妄，辨鬼神」以明之。

參、張載與宋儒之關係

　　張載於學說體系上自成一格，與北宋諸子間亦無甚交往，其學雖崇濂溪，與之亦僅差三歲〔註12〕，然見諸史冊，則二人間並無實質往來。往來較爲密切者，當推與之有表叔姪關係之二程。所可考者，嘉祐初年張載於京師坐虎皮講《易》之時，曾與二程有過接觸，三人共論道學之要與《易》，張載深有所獲，並於次日語人曰：「比見二程深明易道，吾所弗及，汝輩可師之。」並渙然自信曰：「吾道自足，何事旁求。」（《宋史》）又據朱熹《伊洛淵源錄》所述，張載曾因叔父葬事，與伊川有書簡之往來。除此之外即爲熙寧十年，辭太常禮院之職西歸，途經洛陽時，與伊川曾有過會面。當時伊川問之：「在禮院有甚職事？」答謂：「多爲禮房檢正所奪，只定得數箇謚，並龍女衣冠」。又問：「如何定龍女衣冠？」曰：「請依品秩。」是以伊川曾十分不以爲然曰：「若使某當是事，必不如此處置。」「某當辨云：大河之塞，天地之靈，宗廟之祐，社稷之福，吏士之力，不當歸功水獸。龍、獸也，不可衣人衣冠。」二人對話除凸顯張載務實、伊川求理之不同氣質外，亦表現出前者任內無法有所發揮之無奈。

　　二程之外，據《重編宋元學案》一書，與張載共學者，除其弟張戩，尚有曾薦張載入朝召對之御史中丞呂公著之子呂希哲，然因史料欠缺，是以二人交往關係並不清楚。除此之外，觀《張載集》一書所錄之書簡，張載尚曾與當時秦鳳帥呂微仲書信往來辨佛，並曾著文賀渭帥蔡挺平亂之事功，故與二人應有所往來。至若門徒，則親炙於張載者有呂大忠、呂大鈞、呂大臨兄弟及范育等，私淑者則有溫州晁說之。然三呂雖事學於橫渠，最後卻卒業於

〔註11〕詳細內容見諸《張載集》，〈經學禮窟・禮樂篇〉。
〔註12〕關於濂溪生平據《宋元學案濂溪學案》所述，乃卒於熙寧六年（西元 1073年），年五十七歲，則其生平應於宋眞宗天禧元年（西元 1017 年），故長張載三歲。

二程，而晁說之雖留心橫渠之學，實則承邵雍先天之說，是以獨存范育較爲親近。至於其後雖有《宋元學案》之搜羅廣置，得呂范諸儒學案以續張載之傳，但皆不若前者之親切矣。

肆、張載易學思想與易學

欲討論張載思想之建立，則不得不先對其論述來源——易學之內容做一番理解，如此方得以順利進入其思想體系之中。而根據史冊，先秦之時，不論在《國語》、《左傳》、抑或是《戰國策》中，對於《周易》經文的註解及引用，皆不脫取義、取象、以及自然運行之立場。直至戰國時期，由於陰陽學說之盛行，是故以陰陽觀念來說明事物之變化與性質，便一時蔚爲風潮，流風所及之下，以《周易》經文爲本所衍生出來之《周易》傳文（或稱十翼），亦納陰陽之說，並將原使用上用以表明物體性質之陰陽二義予以形上化，以之解釋萬物生發、時序推移、及有無變化之過程。雖然司馬遷於《史記》〈孔子列傳〉中，曾視象、繫、序、說卦、文言等爲孔子所出，又於〈太史公自序〉一文中將《易傳》與《春秋》並視爲孔門事業，後學孔穎達亦於《周易正義》〔註13〕中直言「其彖象等十翼之辭以爲孔子所作，先儒更無異論。」然而由於文字的使用方式，以及鋪陳的內容，使人不得不相信《易傳》或乃雜輯而成，約成於戰國時期。〔註14〕

於此，且不論其生成年代及作者，《易傳》的產生確爲《易經》提供了一套理論系統，並將易由卜筮之內容，帶入了形上學之領域，其貢獻不可謂之不大。如前所言，《易傳》採戰國時期之陰陽思想，並將之予以形上化，用以做爲立論之基礎。然而縱觀十翼，除〈繫辭〉及〈說卦傳〉將陰陽視爲萬物衍生之根本外，言陰陽處僅見於乾坤兩卦初爻之文言、小象，以及泰否兩卦之象傳〔註15〕。但泰否兩卦中陰陽之舉用，乃與剛柔、健順、君子小人等性質並言，足見其內容仍不脫性質義，而於乾坤兩卦文言及小象中，陰陽則明

〔註13〕見《周易正義》，第六論〈夫子十翼〉。

〔註14〕參照勞思光，《中國哲學史》第二卷，第一章，以及朱伯崑，《易學哲學史》卷一，第二章第一節。

〔註15〕乾卦初爻象曰：「天行健，君子以自強不息，潛龍勿用，陽在下也。」文言曰：「潛龍勿用，陽氣潛藏。」坤卦初爻象曰：「履霜堅冰，陰始凝也。」文言曰：「陰雖有美含之，以從王事，弗敢成也，地道也。……陰疑於陽必戰，爲其嫌於無陽也。」泰卦象傳則曰：「內陽而外陰，內健而外順，內君子而外小人。」否卦象傳曰：「內陰而外陽，內柔而外剛，內小人而外君子。」

顯的乃指爻位，是以陰陽用法形上化之完成，應推〈繫辭〉及〈說卦〉，且尤以前者爲要。

　　於〈繫辭〉中，陰陽之立乃依於乾坤，無乾坤則陰陽即無所立，是以欲明陰陽之義，首當瞭解乾坤於《易經》中之意義。〈繫辭上傳〉第一章〔註16〕開宗明義即言：

　　　　天尊地卑，乾坤定矣，卑高以陳，貴賤位矣。動靜有常，剛柔斷矣，

　　　　方以類聚，物以群分，吉凶生矣。在天成象，在地成形，變化見矣。

此章雖如朱子所言，乃「以造化之實，明作經之理」，陳《易經》立卦之意，在於取法於天地之運作，然由於乾坤純陽、純陰之性質，是以依其健順之義，再加以易之本意乃欲「彌綸天地之道」〔註17〕，並以之「定天下之吉凶，成天下之亹者。」〔註18〕是故乾坤之使用便由單純之卦名，轉化爲象徵總天地之理，具生物化育之實之原理、原則。是以〈繫辭〉首章繼之又言：

　　　　乾知大始，坤作成物。乾以易知，坤以簡能。易則易知，簡則易從。

　　　　易知則有親，易從則有功，有親則可久，有功則可大，可久則賢人

　　　　之德，可大則賢人之業。

正因乾坤得以明天地造化最終之理，此理乃昭然若揭，「仁者見之謂仁，知者見之謂知，百姓日用而不知」，是以易知、易從、進而其業可大可久。於此，乾坤已由單純之卦名，成爲象徵天地始物、成物之理之形上原理。然而此理之運作，仍待形器之顯化，亦即卦象組織之推移，方得以具現，是以〈繫辭〉在乾坤之下又別立陰陽二義，以明具體運作之有別於形上之理。陰陽二字歷來皆直釋承天地之性、乾坤之理加以運作之原始條件，然於〈繫辭〉本文中，卻未直陳乾坤之運乃以陰陽爲其變易之能，雖則其文亦曾指出：

　　　　易有太極，是生兩儀，兩儀生四象，四象生八卦，八卦定吉凶，吉

　　　　凶生大業。〔註19〕

然於此章中，亦並未直示太極即爲乾坤，兩儀即爲陰陽，只能視爲著法之理論化〔註20〕。唯一可見乾坤、陰陽並言之處，僅見於下文：

　　　　子曰：乾坤其易之門邪。乾，陽物也；坤，陰物也。陰陽合德，而

〔註16〕以下乃採朱熹《周易本義》之刪定本。
〔註17〕〈繫辭上傳〉，第四章。
〔註18〕同註17，第十一章。
〔註19〕同註17。
〔註20〕《易學哲學史》卷一，第一章第二節。

剛柔有體，以體天地之撰，以通神明之德。〔註21〕

於此，明白的指出乾卦乃陽物，即純陽之象；坤卦乃陰物，即純陰之象。此純陽純陰雖具備了天地生生之理，亦須陰陽合作，對立推移，方得以體天地生物之心，通變易之理。誠如「陽卦多陰，陰卦多陽」〔註22〕此句所言，惟有陰陽相涵，才能成卦以效天地之動，同時亦適足以印證乾坤不僅為卦名，更兼具了統合天地萬物之理之內涵，而六十四卦之演，亦皆須依此而加以運作。是以依乾坤而生之陰陽二義，即轉而成為六十四卦得以行其變化之根本，具有象徵天地具體運作之二能的內容，由戰國時期單純的性質義，藉乾坤而具備了形而上之內涵。至此，再配合以「一陰一陽之謂道，繼之者善也，成之者性也。」〔註23〕此章來看，方足以明白陰陽如何由性質義，轉而被予以形上化，以及如何由與剛柔並言，進而確立其成為天地之道之內涵。

　　陰陽既已獨立出來，成為說明變化之根據，是以其運作方式即以對立之姿態出現。於此有關陰陽運作方式之說明，並非直接透過對陰陽之定義加以獲知，而是透過變化之說明來予以闡發。〈繫辭〉有言：

易有聖人之道四焉，以言者尚其辭，以動者尚其變，以制器者尚其象，以卜筮者尚其占。〔註24〕

此四者乃明《易》之為書之價值，然「以動者尚其變」此句則明白指出，欲明動靜之理，則須自卦爻間之變化著手，卦爻之變化出於陰陽之運，而陰陽又因乾坤之增益具有掌控變化之能，是以明變化之理，即可明陰陽之運行。茲舉以下三例以明之：

聖人設卦觀象，繫辭焉而明吉凶。剛柔相推而生變化者，進退之象也，剛柔者，晝夜之象也。〔註25〕

八卦成列，象在其中矣，因而重之，爻在其中矣，剛柔相推，變在其中矣。剛柔者，立本者也，變通者，趨時者也。〔註26〕

易之為書也，不可遠，為道也屢遷，動而不居，周流六虛，上下無

〔註21〕〈繫辭下傳〉，第六章。
〔註22〕同註21，第四章。
〔註23〕〈繫辭上傳〉，第五章。
〔註24〕同註23，第十章。
〔註25〕同註23，第二章。
〔註26〕〈繫辭下傳〉，第一章。

常，剛柔相異，不可爲典要，唯變所適。〔註27〕

由以上例句可粗略看出，〈繫辭〉中對變易之說明，仍限於剛柔相推、進退之象；換言之，變化之產生，即在於兩性質相互對立之力量，彼此間之相互推移，及相兼相制，此種對立並非不相容之對抗，而是共涵於天地生生之理之兩面，乃天道運行時所呈現出之兩相對力量。此外，由卦之組織方式亦可看出，雖則除乾坤外，各卦皆同具陰陽二爻，然以爻數言，陰陽並非等量，亦即陰陽乃於各自消長之中，維持一均衡之狀態，是以二者雖名爲相對，望之似有消長，實則力量均等，乃爲求整體之和諧，以消長、推移、進退之姿來凸顯自己、或成就對方。是故於理解陰陽之運作方式時，不能視之爲對立雙方之推演，而應視爲全體之下，部分之彼此調整，以助成對方之完成。

至於表陰陽運作次序之「道」，則於〈繫辭〉中有下列之表述：

「一陰一陽之謂道。」（上傳第五章）

「六爻之動，三極之道也。」（上傳第二章）

「子曰，知變化之道者，其知神之所爲乎？」（上傳第九章）

「易有聖人之道四焉。」（上傳第十章）

「子曰，夫易何者也，開物成務，冒天下之道，如斯而已者。」
（上傳第十一章）

「天地之道，貞觀者也，日月之道，貞明者也。」（下傳第一章）

「爲道也屢遷。」（下傳第八章）

「易之爲書也，廣大悉備，有天道焉，有地道焉，有人道焉。」
（下傳第十章）

由以上節錄可以看出，「道」之一辭於〈繫辭〉中乃具有原則、原理之義，須於變化當中彰顯出來，其名雖異，有天道、人道、日月之道、聖人之道等分別，然一以名之，皆明變化之理，因爲無論何者，就易之宗旨言，皆被包於六十四卦之運，觀其著爻之變，即可明白萬化之推行。是故道之內容亦當以陰陽之推移爲據，惟其陰陽不測，沒有固定之模式，是以「爲道屢遷，唯變所適」。

除乾坤、陰陽、道等觀念外，〈繫辭〉又提出「太極」一辭。如前所述，「易有太極」一段，於理論發展上，可視爲著法過程之理論化，有將「大衍之數」此段之占著過程，予以概念化、程序化之作用，雖自此亦可直接比附

〔註27〕同註26，第八章。

太極爲乾坤，兩儀爲陰陽，直接自形上之理，導出陰陽之先在性，然本文以爲太極一義，於〈繫辭〉中並未推展開來，其論述增益之工作，乃後世之所爲，是故陰陽形上化之完成，仍以透過乾坤由總天地之理導出陰陽，並予之以乾坤精義，賦予其以掌天地變易之機之內涵，此一過程較爲妥切。至若大衍之數與天地之數之提出，則前者可視爲占蓍之程序，後者則爲明蓍數之所由，所衍生出之原始數據，只是此段有關「數」之論述，於全文並未有更深入之發揮，故只能視爲〈繫辭〉本文衍生之觀念，有待後世之增益其華。

綜觀〈繫辭〉全文，乾坤陰陽之提出可謂建立了後世學者論《易》時立論之基，雖則其所呈現的乃一素樸之宇宙觀，然其目的，則欲藉卦爻變化與自然變化之附合，做爲研判吉凶之根據，並以天地人三道一體之預設，做爲人類行事之指導，至於形上體系之完成，實則尚未達致。張載之學說體系，即建基於此一素樸思想之上，進一步發展出其合天人、一體用，與兼有無之價值哲學。雖然其學說於思想史上乃承續自前人之易論，如漢時有孟喜「陰陽消長」之說、京房對「乾坤先在性」之論述、《易緯》所論之「太易」等；魏晉時則有王弼之「乾坤用形」說、孫盛「易象妙於見形論」、與張譏之「參天兩地說」等；至於唐宋則有孔疏之「陰陽爲氣說」、「太極說」、李覯論氣之發展、以及周敦頤「太極生兩儀」之立論等〔註28〕，然而眞正使張載發展出以氣爲論述重點，並藉此開發出體用兼備之完整性系者，仍賴其對《易傳》之直接體悟與發揮，而此亦作者特就《易傳》思想內容加以略述之因。接下來之本文部分，作者將以《周易》經、傳爲本，針對張載對其文義之理解及發揮，來分析說明其學說體系之內容，文末並擬以此基礎，與其約略同時之周敦頤、程頤之易傳思想做一比較，以期激盪出更深刻之見解，爲張載學說做一更完備之論述。

〔註28〕 漢朝孟喜之卦氣說，是以周易卦象說明節氣之變化，並以數來說明陰陽之消長。京房則以陰陽二氣爲天地之本原，又以乾坤爲陰陽之根本。《易緯》太易說則爲藉太易之下太初、太始、太素之合一，明太極乃氣混淪未分之狀態。至於魏晉時之孫盛，則主張事物及其變化之道顯現於卦爻象及其所取物象之中，故不可分道器而言易。張譏則透過「參天兩地」來說明以參爲天數，乃爲明天之包容地，一和參實無本質之差別。參考《易學哲學史》卷一及卷二之內容。

第一章　張載之宇宙論

　　張載學說體系之建立可謂在於《周易》一書，由《周易》、《西銘》、再至
《正蒙》，透過對《周易》經傳內容之理解與詮釋，他建構起一套以「氣」為
思想中心之學說體系。氣之流行與消長，不僅呈現出日月相待、四時不忒、
萬物並作等生生不已之歷程，同時亦是人類賢達愚駻之所憑。然而正由於人
與萬物同為氣化之具形，是以若輔以涵養之工夫，即能超越氣稟所限，上達
天地萬物之本源，洞澈形而上下之一體，亦即王船山所謂：

> 聚而不失其常，故有生之後，雖氣稟物欲相窒相梏，而克自修治，
> 即可復健順之生。〔註1〕

在張載確認下，「氣」不僅為形成萬物之基本原因，同時更具備了形而上學之
超越義。雖則為免落入言詮之蔽，張載分別以「太虛」、「太和」來闡明氣未
發時之狀態，與已發時之至和，又以「道」語其生發歷程，以有別於陰陽之
明變易原則，然而澈上澈下皆為一氣之作用則殆無疑義。張載固透過前人之
論述，以成一己之定見，然本文將對其在既有之基礎上，如何予以推衍，以
成一完整之體系之部分加以論述。

第一節　論太虛之眞義

一、太虛之內涵

　　「太虛」一辭，先秦即有，《莊子》〈知北遊〉中曾有如下之記載：泰清
問無為何謂道？無為以為道乃不可言者，若強欲以無內容之言，去回答空洞

〔註1〕　參見王船山所著，《張子正蒙注》，卷一〈太和篇〉。

之問，則「若是者，外不觀乎宇宙，內不知乎太初；是以不過乎崑崙，不遊乎太虛。」對此，王弼曾注解曰「若夫婪落天地，遊虛涉遠以入乎冥冥者，不應而已矣。」是故，「虛」應指相對於「崑崙」及「遠」等表彰空間之義者，是指時間之廣漠與無窮索，乃超越現象界之定限者。張載雖亦借用「虛」之一字，但較諸莊子之用法又深刻許多，「太虛」非但在時間上為無窮盡，具永恆意義者，同時亦為天地萬物存有之來源，具有不可思議之動能，不能單以時間象限解之。若要理解張載對於「太虛」之解，即必須透過「氣」概念來加以闡釋，而氣又涵蓋了萬物具顯之意義，是故無氣則太虛無以成立，無萬物則氣亦無以顯化，太虛、氣與萬物雖具不同之意義，卻不可分說而為三事。張載曾為門弟子范育解易「原始反終，故知死生」一用語時指出：

> 太虛者，氣之體。氣有陰陽，屈伸相感之無窮，故神之應也無窮；其散無數，故神之應也無數。雖無窮，其實湛然；雖無數，其實一而已。陰陽之氣，散則萬殊，人莫知其一也；合則混然，人不見其殊也。形聚為物，形潰反原。〔註2〕

由此段話可知，太虛即為氣之本然〔註3〕，氣含有陰陽二性，此二性彼此感應而動，互為消長不斷，故太虛之神亦應之而無窮；此氣化生為萬物各類各種無數，則太虛之神亦相應於各個其中。因此，就應動之無窮言，其體皆為至一之虛；就所生聚萬物之無以計數言，其內涵之性實則為一。從陰陽二氣角度來看，因其發散為天地萬象，人們是以忘其本於至一；從氣之未發角度來看，由於其間無相異之別，吾人因此忽略其生發之能。實則氣聚為物，氣散即回歸太虛，二者乃終始循環，反復不已。於此，張載除指出太虛乃氣之體外，亦說明了其與氣乃具備了一與多，同與異之分別，此種分別乃自不同之角度言，非謂一具時序先後之創生過程，因此吾人不得將之理解為宗教上「神」（God）創造天地萬物之行為。此外，由於物種之化生乃二氣相互涵詠、絪縕之結果，是故當其形體消逝之時，復化為二氣還歸天地，此中亦頗有能量不滅之意趣。王船山即嘗謂之：

> 器有成毀，而不可象者，寓於氣以起用，未嘗成，亦不可毀，器散而道未嘗息也。以天運物象言之，春夏為生、為來、為伸，秋冬為

〔註2〕 《張載集》，〈橫渠易說·繫辭上〉，頁180。
〔註3〕 收錄於《張載集》中，張岱年先生所著之〈關於張載的思想著作〉一文，曾釋太虛為氣之「本來狀況」，然而如此則有陷太虛與氣二分之可能，是以並不適切。

殺、爲往、爲屈，而秋冬生氣潛藏於地中，枝葉槁而根本固榮，則
非秋冬之一消滅而更無餘也。車薪之火，一烈已盡，而爲焰、爲煙、
爲爐，木者仍歸木，水者仍歸水，土者仍歸土，特希微而人不見爾。
一之炊，溼熱之氣，蓬蓬勃勃，必有所歸，若盒蓋嚴密，則鬱而不
散。汞見火則飛，不知何往，而究歸於地。有形者且然，況其絪縕
不可象者。〔註4〕

形與不形之分別乃訴諸離明的結果，其所謂不得見，是以不同之外在表現形
式復還於天地，並非憑空消逝，船山所論，誠得張載之意矣。

　　太虛與二氣雖則不離，然二者間之關係卻猶如水與冰之變化，在本質上
無有不同，僅於表現狀態上有所分別。是以張載於解《易》「參伍以變，錯綜
其數，通其變，遂成天地之文，極其數，遂定天下之象。」此段時，即明其
間之變化爲：

氣之聚散於太虛，猶冰凝釋於水。知太虛即氣，即無無。故聖人語
性與天道之極，盡於參伍之神變易而已。〔註5〕

冰與水在性質上雖則無異，但觀張載之用語，則冰與水之關係，乃以水爲本
然之狀態，而以冰之凝釋爲其變化所形。是故不論水是否凝聚而成冰，皆不
礙其爲水，而冰之凝聚，則有賴其本爲水，有水之性，二者雖爲一物，但有
體用之別。太虛與氣之關係即爲如此。船山謂此爲：

於太虛之中具有，而未成乎形，氣自足也。聚散變化，而其本體不
爲之損益。〔註6〕

然而自另一個角度來看，成就天地萬象之氣，雖本於至一太虛，但基於太虛
與氣之發用間乃一不得不然之關係，而萬物之成象又有賴於二氣之流變，是
故太虛與實在界所呈現出之關係，即爲一必然之發展歷程。此中眞義恰似西
哲形上學中 Being 與 beings 之關係，若無存有者 beings，則存有 Being 即無以
立，但若無存有所呈現出之萬化共同歷程，則各存有者亦無存有之依憑。同
理，雖則太虛爲實在界存有之所憑，然而太虛之得以立，亦有賴於實在界各
存有者之彰顯，故張載十分肯定地表示：

太虛不能無氣，氣不能不聚而爲萬物，萬物不能不散而爲太虛，循

〔註4〕同註1。
〔註5〕《張載集》，〈橫渠易説‧繫辭上〉，頁200。
〔註6〕同註1。

是出入，是皆不得已而然也。〔註7〕

正因有此不得已而然之關係，象永恆之太虛，與幻化不定之二氣，乃得以根器相通，僅有幽明之別，而無有無、真妄之異。是以張載於解《易》「仰以觀於天文，俯以察於地理，是故知幽明之故，原始反終，故知死生之說」一段時，即據以評老氏曰：

> 天人地理，皆因明而知之，非明則皆幽也，此所以知幽明之故。萬
> 物相見乎離，非離不相見也。見者由明，而不見者非無物也。乃是
> 天之至處。彼異學則皆歸之空虛，蓋徒知乎明而已，不察夫幽，所
> 見一邊耳。〔註8〕

實在界乃因離明而得以見，其不可見者，並非因此即歸諸空無，實則皆為由明至幽，由顯至微之表現，是以張載評老氏因幽之不可見而遽謂之無乃「所見一邊耳」。至若釋氏，則因不見二氣運作之真切，視人生為攀緣所集，隨各類因果以成，其結果不具必然性，乃流變之幻相，因之雖欲言真際（Reality），亦未免流於空泛，又焉能據之以言實際人生？由此可見，張載之所以提出「氣」之觀點，其目的即在於藉氣之統幽明於一，來打破有無之分，使有無擺脫言詮分立立場，回歸至一之境域，雖然因此而曲解老氏所論之「無」，與釋氏所論之「空」，就其用心而言，不可謂之不深。故張載力陳：

> 釋氏語到實際，則以人生為幻妄，以有為為疣贅，以世界為陰濁，
> 遂厭而不有，遺而弗存。……彼欲直語太虛，不以晝夜陰陽累其心，
> 則是未始見易；則雖欲免晝夜陰陽之累，末由也已。易且不見，又
> 焉能更語真際，彼徒能語之而已，未始真解也。〔註9〕

陰陽晝夜四時之變，即是真際，其真實無妄不因其變易而有所加損，是皆因「虛」之與「氣」一體不二故。張載早年棄武就學之後，曾出入於釋、老，深究其精義，自無不明其學理之博大與精深，此中尤以釋氏形上體系之完備，影響漢唐以來思想界深矣。然張載秉儒者入世之精神，對此二種學說由言詮上有無之分立，與真妄之殊別所產生之出世思想，則不能不挺身而出，據理以辯之，其論理雖未必中肯，卻因而從「有」之角度，建構出一體用兼備之

〔註7〕《張載集》，〈正蒙・太和篇〉，頁7。
〔註8〕《張載集》，〈橫渠易說・繫辭上〉，頁182。
〔註9〕《張載集》，〈橫渠易說・繫辭上〉，頁183。

完整學說體系。因此在理解太虛一義時，不得將之與氣分成兩截，亦不得於時間上做先後之分，視之爲階段性之表現，而應正視萬化爲太虛內在發用之特性，否則將導致張載所言「虛無窮而氣有限」之結論矣。若強欲言太虛與氣之別，僅可謂前者爲強調天地之氣淳和未發時之狀態，乃就其清通無礙、無所不容，含蘊著各種可能性，並具有一切潛能處言，亦即張載所謂：

　　無所不容然後盡屈伸之道。至虛則無所不伸矣。〔註10〕

至若氣者，則專就其陰陽屈伸不已之角度言，亦即張載所謂：

　　太虛之氣，陰陽一物也，然而有兩體，健順而已。〔註11〕

統而言之，太虛即氣，二者相即不離，有體用之關係、一多之關係、與同異之關係，因此乃相待以成，具內在之統一性。無太虛之立，則無以說明萬物化生之所由；無二氣之相感，則無以明太虛之眞實不妄。是故太虛立，則有無、隱顯、神化通一無二，誠如王船山所言：

　　陰陽二氣充滿太虛，此外更無他物，亦無間隙，天之象，地之形，
　　皆其所範圍也。〔註12〕

是故，張載雖以其對於釋道之批評做爲立論之基礎，然誠如陳俊民所言，其立論實爲自破漢唐及宋初諸儒之「體用殊絕」、「有無爲二」思想中發展而來〔註13〕，因此「太虛」雖即是「氣」，於論證上卻具較爲形上之超越義，二者雖有體用之關係，卻無時序之分別。

二、太虛與神

　　由太虛與氣之相即不離，可以得知其內在之統一性與一致性，更由於氣運作之必然性，使太虛不致流於空洞而無內容。然自氣言，可謂之盈虛不已、相摩相盪、並動靜相攝，自太虛言，則不可以此稱謂之。因太虛乃氣之體，雖不可以西洋哲學中實體（Substance）之義理解，卻具論理上之超越義，只能以類比方式說明其性質，卻不得以有限之言語加以規範。故太虛雖涵動靜，卻不得以氣之動靜加以比附；雖然生具萬物，卻不可視萬物各種各類之並現爲其所創造。因之張載據《易》〈繫辭〉「範圍天地之化而不過，通乎晝夜之道而知，故神無方而易無體。」一段，別立「神」之一義，以明太虛「虛而

〔註10〕　《張載集》，〈正蒙・至當篇〉，頁 36。
〔註11〕　《張載集》，〈橫渠易說・繫辭下〉，頁 231。
〔註12〕　同註 1。
〔註13〕　參考陳俊民所著，《張載哲學與關學學派》一書，頁 72～80。

不屈，動而愈出」〔註14〕之自發能動性及無限性。張載於《正蒙》〈太和篇〉中曾如此描繪太虛與神之關係：

> 太虛爲清，清則無礙，無礙故神，反清爲濁，濁則礙，礙則形。

太虛雖則爲氣，但因其乃淳和未發之氣，故無所謂遲滯，乃自由而無罣礙的，故張載以「清」明其無限制性與無目的性。又因太虛之無方所，即不受任何常則支配之特性，恰合易傳「神無方而易無體」之說，復又以「神」定義之〔註15〕。相反於太虛之神者，則是反清爲濁，而所謂濁者，又非指混濁之義，其所含蘊之義有二：一指氣因相聚而呈濁重，濁重則物與物不相入，彼此各具空間，故有礙而不相通，此即有形矣。如船山所謂：

> 屈伸聚散相對之謂氣，聚於太虛之中則重而濁，物不能入，拘礙於
>
> 一而不相通，形之凝滯然也。〔註16〕

此段即明以濁滯而成物。然重濁起於二氣之運，是爲不得不然，而氣運依其原理而動，是亦不可變者，故濁礙之另一義是指二氣運作之受約束及具秩序性，是即爲有「礙」，至於此一秩序性之來源，則爲乾坤而後坎離，再藉坎離象天地正交之義，成就出其後萬物化生此一歷程〔註17〕。此即爲其文所言「礙則形」之意。觀張載此段用語雖短，所涵蓋之意則至深，其所引申之意約略可分爲兩點：其一，太虛乃以統攝萬物之姿，運行周遍於宇宙，故不可以常態言其動靜，是爲「無礙故神」；其二，太虛之神乃與二氣所成之形器相對待言，與萬物之生有因與果之關係，故爲物種源起之究竟。

首先說明太虛無礙之義：無礙並非所謂的無障礙，而是指無任何目的性之限制，然而無任何目的卻又非謂安靜而無動作，否則亦不必以〈易傳〉中無常則之「神」名之，故其中實暗合活動之義。是以此段所謂太虛，實則欲明其整體性與統一性，亦即無法以任何角度，任何言語加以片面描述之特性。同時，其統一亦非消極之混一，而是具有活動之性質，是積極地加以統合，使全體具備內在之一致性，澈上澈下，體用一源之能，如此方可明其無礙之眞義。是以張載復言：

〔註14〕 出自《老子道德經》第五章。

〔註15〕 參見朱子《周易本義繫辭上傳》第四章，及坤卦文言中對「方」之註解。

〔註16〕 同註1。

〔註17〕 此一順序乃見諸《張載集》，〈橫渠易說・繫辭上〉，頁195。「大衍之數」段落中，張載對「參天兩地」之說明。其由乾坤至坎離，而後萬物化生之過程，暗合周敦頤《太極圖說》之順序，此亦足見張載思想受濂溪影響之處。

神，天德，化，天道；德，其體，道，其用，一於氣而已。〔註18〕
於此，所謂神者，並非指一具位格義之實體，而是欲藉其於《易傳》中之內
涵以明太虛爲氣之本源，且此本源非孤絕地挺立於二氣之後，反之乃涵詠於
其中，參與每一項運作，被包於每一項創化，如四體之爲一物，乃「感而
遂通，不行而至，不疾而速」〔註19〕，其動亦不可言喻，無法以意測，不得
以作用言之，無法以形象度之；換言之，張載是藉「神」難以意測之內涵，
來說明太虛於氣之運作當中，所扮演之內在主動性與統一性來源之角色。誠
如張載所言：

一故神，譬之人身，四體皆一物，故觸之而無不覺，不待心使至此
而後覺也，此所謂「感而遂通，不行而至，不疾而速」也。物形乃
有小大精粗，神則無精粗，神即神而已，不必言作用。〔註20〕

言作用即落入象之層次，雖不具形，卻可被思慮，仍爲待物而後言之。太虛
之動則爲至動，雖表現爲靜，實則統合萬物化生之整體運作，其不可臆測非
落於二氣運作之層次言，否則無一定原則之運動，亦無法說明宇宙得以生生
相續之所依，如此方得以明瞭爲何張載一方面言「天下之不測謂神」，天地運
作之憑機遇、無法以理性臆測處爲神，另一方面又急於指出「神而有常謂天」
〔註21〕，此皆因所謂有常，是指太虛以下，二氣運作以成萬物，此番盈虛消
長，雖無固定之模式，然而依參伍變易之原則統於太虛之內，聚散於太虛之中，
滋生萬物各種各類，其生生之歷程則是恆常的，故以天謂之。船山所謂「其
升降飛揚，莫之爲而爲萬物之資始者，於此言之，則謂之天。」誠有以也。

　　張載以氣言太虛時，乃欲以氣明太虛之統幽明於一致，並藉幽明二者之
同體來說明「有」、「無」之無殊別，以及二者間體用之關係，故表現於外時
雖有幽明之別，實則皆納於「有」與「眞」之領域，而不得歸諸「無」與「妄」
之範圍。然以氣之狀態說明太虛，究竟易使太虛流於「物質性」之非議，是
以張載又欲藉神以明其統一性與超越義，「無礙故神」之舉用，即欲以神既超
越又內在之內涵，來說明太虛與氣不僅爲論述角度之不同，同時在論理上，
亦具有不同之層次。爲明太虛之別於氣運，卻又具顯於其間之特性，張載復
予神以虛靜之大能，使之足以統理時空，卻又應用於百姓。其文曰：

〔註18〕　《張載集》，〈正蒙・神化篇〉，頁15。
〔註19〕　〈周易繫辭上〉。
〔註20〕　《張載集》，〈橫渠易說・繫辭上〉，頁200。
〔註21〕　《張載集》，〈正蒙・天道篇〉，頁14。

虛靜照鑑，神之明也，無遠近幽深，利用出入，神之充塞而無間
也。〔註22〕

因無遠近幽深等相對性質，亦即不落形器之桔，是故無立場與分別，凡事皆
能以統合之角度來加以推動，如是方得以充塞於天地萬物，民咸用之而不知。
察張載此番用語，其「利用出入」一辭，乃取法《易傳》乾坤之用，此適足
以說明，張載學說體系乃深植於《易傳》，其二氣良能亦仿乾坤之運，而太虛，
則或可對照《易》之具生生之大德處而言。是以張載曾舉易與神並言曰：

神與易雖是一事，方與體雖是一義，以其不測，故言無方，以其生
生，故言無體，然則易近於化。〔註23〕

此處乃解易〈繫辭〉「神無方而易無體」一段時，所發之議論。於此，張載明
此段所論乃天易〔註24〕，亦即天地大化，此大化流行乃服膺於生生之宗旨，
以生具萬物爲其所行之目的，是故不可以有限之形體加以拘束之，而易與神
雖可並言，亦不可以神之義，限易之「範圍天地」於一隅。太虛與易之內涵，
於此看來，實具有異曲同工之妙，只是在張載之鋪陳下，太虛克服了《易傳》
中言易時較爲空泛，過於抽象之理論缺陷，除以氣之一致性說明天地萬物皆
爲一事，非可區分爲兩截處言外，復藉「清通無礙之神」一語，表達出其既
超越，又內在於宇宙萬物之深義。接下來說明太虛與萬物間之因果關係。

三、太虛與萬物之關係

在說明太虛與氣之關係時，張載曾指出虛、氣及萬物間，具有一不得不
然之生發關係，此一觀點進一步延伸於「神」之概念中。其文曰：

凡言神，亦必待形然後著，不得形，神何以見？〔註25〕

神之彰著，亦即太虛生化作用之具顯，乃有待於形器，無形器，神即無法明
其存有之價值，神與器二者，乃具相互依存之關係，且此種依存之關係，並
非時序之先後，而爲因果之顯現。《正蒙》〈太和篇〉即曾以如下文句明之：

鬼神者，二氣之良能也。聖者，至誠得天之謂；神者，太虛妙應之
目。凡天地法象，皆神化之糟粕爾。

鬼神乃二氣之良能，是「無心之感合，成其往來之妙者也。」〔註26〕具有能

〔註22〕 《張載集》，〈橫渠易說・繫辭上〉，頁204。
〔註23〕 《張載集》，〈橫渠易說・繫辭上〉，頁187。
〔註24〕 《張載集》，〈橫渠易說・繫辭上〉，頁186。
〔註25〕 《張載集》，〈橫渠易說・繫辭上〉，頁208。

動之性質，為太虛之用，誠如前文所言，此一能動乃包被全體而不遺，是應物而動，不受有限形跡之限，故凡天地法象，一切可訴諸離明、可以辭得其意者，皆為神化所動之結果。自運動言，神者乃明此能動之源來於太虛；自神化之糟粕言，則實在界之所現，莫不過是循太虛之源所致結果，故神化與萬物，實具因果之關係。據此，張載進一步解釋生物之外，天地動能之往復循環不已。

> 「精氣為物，遊魂為變」，精氣者，自無而有，遊魂者，自有而無。
> 自無而有，神之情也，自有而無，鬼之情也。自無而有，故顯而為
> 物，自有而無，故隱而為變，顯而為物者，神之情也，隱而為變者，
> 鬼之狀也。大意不越有無而已。物雖是實，本自虛來，故謂之神，
> 變是用虛，本緣實得，故謂之鬼。〔註27〕

所謂精氣者，乃強調自無而有之能生，遊魂者，則明自有至無之歸於隱幽；自有而無乃神之表現，自無而有則為鬼之運作，神鬼是指相異卻統攝於太虛其下之兩種力量。藉神鬼之說，張載重申二氣循環往復不已之思想。神之表現，在於能生，能利用出入於實在界，能統理大化全體，自無而有者，即神資之以明太虛之以生生為其目的。相應於西哲，神或可以現實（Act）一語來比附之，所不同者，現實之能並不包含任何物質（Material）性內涵於內，雖則仍須配合以質料（Matter）之具，方得以完成其自身之價值，就其為動能而言，則純屬於形式（Form），亦即理之層次；太虛之神則內含能動之源，與物質性來源二者，雖則張載無法說明非物質性之太虛，與成就萬物形器之二氣間轉承之關係，亦即無法說明如何由無生物，進化至有生物之歷程，以及物種類別何以制定之問題，然就其所倡之意，則太虛之神乃使萬象得以現實，並具體呈現者，此則殆無疑義。是以船山謂之：

> 氣之未聚於太虛，希微而不可見，故清；清則有形有象者，皆可入
> 於中，而抑可入於形象之中，不行而至神也。〔註28〕

太虛雖清通而不可礙，然氣之聚散，形器之成毀，則皆不外於其中，故謂形象皆具太虛之中。至於生之另一面，如何由顯歸隱，由明化幽之過程，則張載試以「鬼」之一語喻其行狀。鬼乃具能變之大能，此一變化乃由存至滅，

〔註26〕同註1。
〔註27〕《張載集》，〈橫渠易說・繫辭上〉，頁183～184。
〔註28〕《張載集》，〈橫渠易說・繫辭上〉，頁197。

回歸至虛，回復至潛存狀態之過程。然而由顯至隱，仍待顯之有象有形，方得以言歸回廣漠能容之太虛，是故亦不得離有而言無。誠如船山所言：

聚者，聚所散，散者，散所聚，一也。〔註29〕

聚散亦乃相資，有無實為一體。張載以「變是用虛」一語，說明了變之所生乃資於太虛，而由變至化之過程，雖至隱卻至眞，雖入於無，實則緣有，相待於西哲，則約可以潛能（Potency）一語對照之。潛能之得以具變化之能，須藉物以成之，乃以現有之物，明未現之諸般可能，故現在之「有」，具未來之「有」之潛在性，而鬼之行狀亦在於以此未來之「有」，示「無」之未曾空虛，此一由「有」至「無」之過程，乃由具現之物回歸至潛存之虛，以太虛之能容賦予未來以具備更廣闊可能性之過程，鬼之與潛能，其內涵實有異曲同功之妙。

　　由以上所論可知，鬼神，亦即二氣之良能，透過張載藉之以明氣往復循環於太虛之論述，不但說明了生物之所由，亦足以明窮滅之退藏於密〔註30〕，使天地萬物之化育，完全具足於太虛、統籌於太虛之中，不假外求，圓滿自足。然而「天地之大德曰生」〔註31〕，生聚萬物畢竟為太虛唯一目的，而萬物之作育亦以太虛為其推行之本源，因此張載鮮於論鬼，實即欲略鬼之行狀，不憚其煩地藉神之能動，明太虛生聚之能，是以又明神曰：

天下之動，神鼓之也。神則主乎動，故天下之動，皆神之為也。

〔註32〕

神乃主天下之動，因「神明之德，通於萬殊。」〔註33〕故此動之方向，是以生具萬物為其目地，非為物之能動，故不可以有限之動來加以看待，乃形而上的言其動之周遍萬物，不具特殊之目的，亦不偏愛特別之物種。總而言之：

惟神為能變化，以其一天下之動也，人能知變化之道，其必知神之為也。〔註34〕

變化雖具顯於二氣之屈伸、相盪，然惟神為能加以統籌。太虛以其同別二氣之異，以一對照陰陽生物之多，其特具之統一性、整體性意義，張載於此復

〔註29〕 同註28。
〔註30〕 「退藏於密」一語，見諸《易》〈繫辭上傳〉第十一章。
〔註31〕 《易》〈繫辭下傳〉，第一章。
〔註32〕 《張載集》，〈橫渠易說・繫辭上〉，頁205。
〔註33〕 《張載集》，〈橫渠易說・繫辭下〉，頁211。
〔註34〕 《張載集》，〈橫渠易說・繫辭上〉，頁197。

又藉神明之。是故於解《易》〈繫辭〉「富有之謂大業，日新之謂盛德」一段時，其不但以「富有者，大而無外也；日新者，久大而無窮也。」加以說明，更以「顯其聚也，隱其散也，顯且隱，幽明所以存乎象，聚且散，推盪所以妙乎神。」來說明時空之悠久與廣大，乃表現於神之鼓舞推盪，亦即太虛之能動上。

　　太虛雖無感、無形卻爲具生滅變化之客感、客形〔註35〕之動力來源與運作目的。其對萬物之生育亭毒，對大化流行之規範推行，乃無以言喻，僅能以善名之。在〈張子語錄〉中曾有如下兩段話語：

　　　　靜者善之本，虛者靜之本。靜猶對動，虛則至一。

　　　　天地以虛爲德，至善者，虛也。虛者天地之祖，天地從虛中來。

正因虛乃指內在之動能，是統靜動於一體，足以化生天地萬物，故爲眾善之本源，名之爲至善。然此處所謂至善，因僅限於天之良能，無涉於人能，乃自然之感合，故不得與具道德內涵之善加以比附，只能釋其爲圓融完滿之意。太虛之性，因其內在之統一具足，故得以圓融無礙，完滿自足。

　　張載藉太虛之名，替代了《易傳》中能「彌綸天地之道」之「易」，並將之由入於爻位，歸於人事之中，拔升至宇宙論之領域，使其成爲造化之所以，具有形而上之超越意義。同時，透過氣與神之說明，太虛與宇宙萬物不但具備了內在之一致性，更成爲天地生生不已之動力來源。此項生生之活動，即透過太虛所具備之內在生發性，源源不斷地開展出來，完滿自足，往復周流，使宇宙運轉成爲應感而動之有機活動，非受意志主宰，亦非爲機械性之動作。太虛之說，可謂建構了一套動態之宇宙觀，補足以孔子爲主導之先秦儒學中，雖言天人合一，卻只強調人事而避言天道之不足，爲天道與人道之契合，做一理論之奠基工作。同時，由於張載以氣做爲立論之基礎，換言之，乃以近物質義之觀念做爲主要論點，因之可謂由已然之角度發展出其學說體系，然後藉人之靈秀具智識思慮，自萬物一體之論點，重新詮釋《易傳》所謂「通天下之志，成天下之務」活動之可能，回頭賦予單純之宇宙發展以價值性意義。此一由外至內，再由內回復至外之思想歷程，雖與自孟子以來，強調「盡心、知性、知天」〔註36〕之德性發展歷程有所不同，卻彌補了孟子體系中過於主觀之立場，其意義不可以謂之不大。

〔註35〕無感、無形與客感、客形之用語，乃出自〈正蒙・太和篇〉。
〔註36〕見《孟子》，〈盡心篇上〉。

第二節　論太和之眞義

張載所論之太虛雖則說明了《周易》經傳中「不易」與「易」之部分〔註37〕，卻由於凸顯其形上之超越義，與論理之先在性，無法將其「變易」精神帶入，是以張載別立「太和」之說，欲自另一角度說明此一循環往復之歷程，如何由同至異——由太虛之一統至二氣之分立，再由異至和——合二氣之運而成形之過程。察「太和」一辭非出自橫渠《易說》一書，乃《正蒙》首篇之名，全文言「太和」一語處，亦僅見諸文首，且觀其內容不外明太虛、氣與萬物之發展，足見「太和」一語乃張載晚年所立，其義則被包於太虛與氣之運作當中。茲錄其原文部分如下：

> 太和所謂道，中涵浮沈、升降、動靜、相感之性，是生絪縕、相盪、勝負、屈伸之始。其來也幾微易簡，其究也廣大堅固。起知於易者乾乎！效法於簡者坤乎！散殊而可象爲氣，清通而不可象爲神。不如野馬、絪縕，不足謂之太和。語道者知此，謂之知道；學易者見此，謂之見易。不如是，雖周公才美，其智不足稱也已。

此段話之意思乃謂：太和即一般所謂之「道」，但此處所謂之「道」，絕非老莊所謂合有無於一，象天地之先者，而是內涵各種對立性質，相互感合之過程，乃二氣相附，進退變化、盈虛消長、共相和會之所由。此一和會之始，即氣之初動，亦乃陽健陰順而已，其所成者則爲品物流行，爲體成而不易毀者。是故未有知也，未有能也，始法於乾、坤之易簡而已〔註38〕。就陰、陽之運作以成萬象言，稱之爲氣，就其統會萬象，運行無礙，不可以言喻者，則稱之爲神。若不自遊於太虛、行聚散和會之二氣言，則不足以謂之太和，談論道者，若能明此中之眞義，則可謂其知「道」，學易之人若能實證於心，則可謂之見「易」。若不能得證太和之妙合神凝，既便如周公之具才識者，亦不得稱其爲智。

綜觀上文約可得以下論點：太和乃所謂道者，其內涵出自於絪縕相感之性，其所效者乃乾坤之大始與成物；換言之，太和所欲明者，乃乾坤二者如何合其易知與簡能，以化成天地萬物之過程。爲說明張載所謂之太和，如何能統陽健陰順之異質，以成宇宙大化各個物種，本文嘗試自「相感之性」與「參天兩地」二義，分別說明太和之具相對性，與共存性之意義。

張載所謂之「感」，乃出自《周易》咸卦之象傳，其言曰：

〔註37〕「易、不易與變易」之釋，乃採鄭玄之解釋。
〔註38〕參考王船山所著，《張子正蒙注》，卷一〈太和篇〉之解釋。

咸，感也，柔上而剛下，二氣感應以相與，止而說，男下女，是以
「亨利貞取女吉」也。天地感而萬物化生，聖人感人心而天下和平，
感其所感而天地萬物之情可見矣。

此處所應注意者，乃其所謂感者，是以二氣爲基礎之應動相與，是亦爲萬物
化生之所憑。應用於人事，則聖人有感天地運作之無私無欲。欲以仁厚之心
行其大義，故感動於民而致太平，此乃效天地之心所致之應動。不論天地之
運抑或萬民之應，其始皆爲二氣之相與，是以張載言之：

有兩則須有感，然天之感有何思慮？莫非自然……作於此化於彼
者，皆感之道。〔註39〕

陰陽二氣具相異之質，乃分立而非同一，其運動以化成天下之方式，則爲互
相牽引，悅其質之相異而互爲交通，乃自然而然，有物則有對，有對則有應
之表現。若從認知之角度言，則二氣因具相對性之意義，故乃彼是相因，互
爲其根，如有無之相生、難易之相成、長短之相較、高下之相傾、音聲之相
和與前後之相隨〔註40〕。其動乃以具於此而應於彼之形態表現，雖應動之間
爲一不得不然之關係，其應動方式則無絕對性之規律。是以張載又謂：

感之道不一，或以同而感，聖人感人心以道，此是以同也；或以異
而應，男女是也，二女同居則無感也；或以相悅而感，或以相畏而
感，如虎先見犬，犬自不能去，犬若見虎則能避之；又如磁石引針，
相應而感也。……感如影響，無復先後，有動必感，咸感而應，故
曰咸速也。〔註41〕

張載以聖之與凡、男之與女、虎之與犬，及磁石之與引針說明了相感之方式
各有其類，雖有因同而感、以異而應、或相悅相畏以動之別，其有動必由感
之道則一也。此處所應強調者乃，張載雖言同者亦有所感，然其所謂同者，
非指殊無二致之同體，而是相對於別異，性質相近之二者，如聲之與音、形
之與色，其意雖近，其名不同。故此「以同而感」之說，並不悖於「有兩則
須有感」之論述，而藉二氣之應動、相與，宇宙之生命歷程方得以推展，而
萬物亦適足以化生，故張載繼之又言：

物無孤立之理，非同異屈信，終始以發明之，則雖物非物，事有始

〔註39〕　《張載集》，〈橫渠易說・經上・觀卦・傳釋〉，頁107。
〔註40〕　引《老子道德經上》第二章。
〔註41〕　《張載集》，〈橫渠易說・經下・咸卦・傳釋〉，頁125。

辛乃成，非同異，有無和感，則不見其成，不見其成，則雖物非物。
〔註42〕

物物非憑空而來，必得氣之相生相盪，方得以成，故可感之二氣乃成物之必要性條件，引而申之，則其方法之萬殊，亦當能決定化生萬物之不同，是以王船山發爲議論曰：

二氣之動，交感而生，凝滯而成，物我之萬象，雖即太和不容已之大用，而與本體虛湛異矣。〔註43〕

萬物與萬象有待二氣交感而生，而交感之方式則決定了物物之不同，此亦太和與太虛有別之處。張載雖指出了交感方式之有所不同，並以之產生不同之結果，卻未據此進一步說明物種相異之緣由，既或其據之以明種差之別，其理論發展亦無法藉此不一之運作之方式，說明類與類及種與種之區分，其所依相異之理爲何？張載雖以二氣殊別之應動，交待了物物之所以化生，然由於其所關注之重點，乃天地如何能自無而有，使有無得以合而爲一之立論基礎，以及萬物如何由單純之二氣所化出之問題；換言之，他是站在統合之角度來探討問題，而非站在分析之觀點來省視萬有之變化，是以所論自然無法解釋大於個體之物種的分別。

張載強調，所謂感者，乃具備了應動之內涵，而應動之所由，則在於太虛所具生生之要求；換言之，萬物之所以有感，能應於此而動於彼，其原因是在於求宇宙萬化之生命歷程，能不斷地推行、開展、永不停滯之目的，其自我內在的開展。故張載藉《周易》中孚卦之筮吉，明感化之出於生生之理曰：

中孚，上巽施之，下悅承之，其中必有感化而出焉者。蓋孚者覆乳之象，有必生之理，信且正，天之道也。〔註44〕

中孚卦之所以筮吉，乃因能上施而下承，有一相應對之關係，故能有所感而化成。張載以中孚之名具覆乳、亦即授乳給養之意象，如萬物親者之亭育子類，故由此推出有必生之義，而生生之理又乃天地之大經，無所偏頗，行其中正，能效此而行，故筮爲吉。由此可見，應動在於求通，是求天地大生目的之推行，故《易》言「屈信相感而利生焉」張載即釋之「是理也」〔註45〕，乃天地之正理，大化之公義。

〔註42〕《張載集》，〈橫渠易說‧繫辭下〉，頁219。
〔註43〕同註1。
〔註44〕《張載集》，〈橫渠易說‧經下‧中孚卦釋〉，頁171。
〔註45〕《張載集》，〈橫渠易說‧繫辭下〉，頁233。

　　綜合前文所言感者，其要皆不出太虛生物不已之內在要求，其方式則為二相異個體間之應動關係，應動雖因事異而有變化機率之不同，其透過對立過程而化育萬物之處，則殊無二致。對此，張載將特別指出對立乃一手段，其目的在於能動，不論應動之過程乃相斥、相吸、相愛、相畏，其終必為和解，否則一直呈現分立之狀態，如何能成就四時晝夜、日月星辰、草木滋蕃以及鳥獸蟲魚？張載有言：

　　　　無所不感者，虛也，感即合也，咸也。以萬物本一，故一能合異，以其能合異，故謂之感，若非有異則無合。天性，乾坤陰陽也，二端故有感，本一故能合，天地生萬物，所受雖不同，皆無須臾之不感，所謂性即天道也。〔註46〕

所謂無所不感，亦即統籌全體生物活動於一者，乃太虛之職，亦為其內在之本性。至於感者，亦即合也，合異統殊之協調工作，由於萬物本源於一，因之惟一能合異，然此合就其所源而言，雖不出那既超越又內在之太虛，就其合異而言，則有待於異。換言之，若非二氣等具岐義性之對反運作，則無以言合。由此可見太和者，必待有動而後言，乃專論成物之過程，故所強調者，為對反如何在太虛之能動性意義下，由異合一而成象成形，此亦感之大義。故太和者，乃效太虛之始物，以對反方式運作，以合異之結果，成就其作物之目的，雖具對立性之內容，但終以最大之和諧為其結果。船山謂之：

　　　　太和，和之至也……陰陽異撰，而其絪縕於太虛之中，合同而不相悖害，渾淪無間，和之至矣。未有形器之先，本無不和，既有形器之後，其和不失，故曰太和。〔註47〕

太虛與太和本為一致，一就其始為一言，一就其終和一言，雖皆為一，然前者本於形器之前，後者乃出於形器之後。船山此語，雖有陷太和於形器之議，然其以形器先後別太虛、太和之異處，則掌握了張載以物動前後明二者之分別處。誠如張載自已所言：

　　　　氣本之虛，則湛一無形，感而生則聚而有象。有象斯有對，對必反其為，有反斯有仇，仇必和而解。〔註48〕

有象乃太和所以能和仇解異之條件，其與太虛之分別亦在於此，而有對又出

〔註46〕《張載集》，〈正蒙・乾稱篇〉，頁63。
〔註47〕同註1。
〔註48〕《張載集》，〈正蒙・太和篇〉，頁10。

於有象之成立，由此更明太和合異以成一之大用。太和固待有象而後能用，反之，若無太和大成之要求，則對反之二象亦無存在之價值，因之就作育萬物言，二者雖有論理先後之別，實則爲一體之表現。故張載復言：

> 兩不立則一不可見，一不可見則兩之用息。兩體者，虛實也，動靜也，聚散也，清濁也，其究一而已。〔註49〕

兩之與一乃欲明生物之過程，其究竟乃太和大用之一而已，太和之意，於此明之。此外，太和同異和一之大能，乃藉對反二象，或陰陽二氣之相感加以說明，而其思想學說之背景，則應溯自張載對「參天兩地」說之理解，及其對太極之定義。

「參天兩地」之說，出自張載對《易》〈繫辭傳〉「大衍之數」此段，以及〈說卦〉傳中「參天兩地而倚數」一語之解。他曾於解釋說卦「參天兩地而倚數，觀變於陰陽而立卦」一段話時，藉太極、兩儀之觀念，明其參兩之意如下：

> 地所以兩，分剛柔男女而效之，法也；天所以參，一太極兩儀而象之，性也。

對於天地，張載曾如是界定之：「物物象天地，不曰天地而曰乾坤者，言其用也。乾坤亦何形？猶言神也。」〔註50〕又謂「不曰天地而曰乾坤，曰天地則有體，言乾坤則無形。」〔註51〕因此天地並非指自然之天地，而是對大化推行之抽象、與概念性之定位，與乾坤所強調之生發之能有異，天地之中各有乾坤，蓋所舉者有所不同爾。誠如其所言：

> 易一物有三才備，陰陽氣也，而謂之天，剛柔質也，而謂之地，仁義德也，而謂之人。〔註52〕

天乃概念層次之說明，強調的是大化運行之動態構成條件，地則屬性質之說明，因此雖天地之中各有乾坤，然自而天言，乃明陰陽之氣運，自地而言，則爲剛柔、盛衰等性質之對反。言乾坤，乃就分立之角度來說明宇宙形成之能動源，言天地，則從整合之角度，就已動之內容與性質加以說明。是以既言天地，在內容上實已包含了運作歷程於內，可視爲太和作用之內容，而取太極、兩儀、四象等象宇宙運作過程之理論基礎，則亦合易之變易精神。透

〔註49〕同註48，頁9。
〔註50〕《張載集》，〈橫渠易說・繫辭下〉，頁177。
〔註51〕《張載集》，〈橫渠易說・乾卦，卦辭釋〉，頁69。
〔註52〕《張載集》，〈橫渠易說・說卦傳〉，頁235。

過轉化「易」及「乾坤」二者之精義於「參天兩地」之內涵，張載於是進一步又言：

> 一物兩體者，氣也。一故神，兩在故不測，兩故化，推行於一，此天之所以參也。兩不立則一不可見，一不可見則兩之用息。兩體者，虛實也，動靜也，聚散也，清濁也，其究一而已。有兩則有一，是太極也，若一則有兩，有兩亦一在，無兩亦一在。然無兩則安用一？不以太極，空虛而已，非天參也。〔註53〕

天之所以為參，在於以一為體，以兩為用，就推行前而言，此一乃指具生生大德之內在能動性，亦即太和之真體——太虛，就「太虛動而成陰陽屈伸往來上下，以至於行乎什伯千萬之中」之推行言，則一乃解異、和一之統一性力量，是為太和之大用，朱子謂「雖是兩箇，要之亦是推行乎此爾」。於此，張載雖未取太和、太虛用語，然其所明兩與一之關係，實即太虛、太和一體，與二氣間之相互關係，故朱子又曰：「是一箇道理，卻有兩端用處不同……所以神化無解。」〔註54〕張載進一步又指出，兩體者，雖為變化萬端，然終究出於一而統於一，皆一之作用而已，因此雖言參，實則舉一之大生，雖納二於一，實明動之必然而不可止，此亦即太極之作用不已。於此，張載不但藉天參說明了太虛、太和之一體，更藉太極與兩儀間之必然關係，對太和合異成一之特性，做了充分的說明，所謂「不以太極，空虛而已」，而其意亦在於此。

太和者，和之至也，其理論來源可溯自《易》〈說卦傳〉之「參天兩地」說，其內容則為於太虛主動之目的下，統二氣之異以和之表現，雖以太和名之，其體則不異於太虛。太和者，可謂太虛發揮其統合作用之說明，雖不可以體言之，卻強調其得天地至高和諧之大能。是故太虛者，乃明氣之本然狀態，太和者，則明氣之作用，二者實為一體，所名雖異，實則言一，皆明天地必生之理。

第三節 論氣之真義

從理論上來看，宇宙萬物必有所出，大凡日月星辰之運轉、四時之更替、

〔註53〕同註52，頁233。
〔註54〕以上引文皆出自《朱子語類》，卷九十八〈張載之書〉。

百物之興廢，其前後相繼，不因堯存，不以桀亡之生命特質，亦必有一來源主導，方能使其永不墜序，使宇宙之運轉脫離機械性之控制，使生命之產生不再蹈陷於無目的之主導。換言之，雖則宇宙乃如此廣大浩瀚，無所窮盡，對生命之本質吾人所知亦如是有限，然在思想律則控制下，對於實存之物，不論其爲有生命或無生命，於思慮上必須預設一最終所出及動力來源。且爲說明存有現實之意義，亦即彰顯之目的，使生命之存在具備更高之價值，亦勢必脫離機械義之詮釋角度，自生命本質處直指其義，太虛之所立，其價值與目的即在於此。

太虛乃萬化推行之最始點，雖被包於氣，卻爲氣運動性本質之所出，其與氣雖不可分而言之，然在思維之下，卻較氣具有更爲抽象、更具形而上意義之特性。雖然在運行過程之中，氣之升降飛揚、絪縕發散，乃至成物成形，皆爲一不得不然之發展，然而爲說明生命產生之時序性、共生性、以及和諧性，亦必須預設一秩序性來源以說明、理解之。是故張載爲有別於太虛不涉乎動，及爲萬物興替所源之特性，又別立太和一義以明之。不論太虛、太和，如若擺脫分析之立場，自現實之角度來加以討論，則皆一氣之屈信、消長而已。下文即試說明氣之內容及其價值之所以立。

一、論氣與象

氣觀念於張載思想體系中，具有十分微妙之雙重意義：一是指「太虛之氣」，一是指「絪縕」之氣。於太虛之氣中，其所欲表達的，乃太虛與氣之一體不二義，且因太虛表氣未發時之混然狀態，是以此中所言之氣乃不分陰陽，強調其始出之混淪，及其非虛空之特性。若專言氣之本質，則由於其聚而爲物之必然發展歷程，故不得以太虛之氣之虛靜狀態來加以理解。換言之，凡言氣者，必自其運動不已、絪縕相感、成變化而行鬼神之面談。張載於其解釋《易傳》「天地絪縕，萬物化醇，男女構精，萬物化生」一段時，對於氣之活動狀態曾有如下之描述：

> 氣块然太虛，升降飛揚，未嘗止息，易所謂「絪縕」，莊生所謂「生物以息相吹」，「野馬」者歟！此虛實動靜之機，陰陽剛柔之始。浮而上者，陽之清，降而下者，陰之濁，其感通聚結，爲風雨、爲霜雪，萬品之流行，山川之融結，糟粕煨燼，無非教也。〔註55〕

〔註55〕《張載集》，〈橫渠易説・繫辭下〉，頁224。

於此，張載雖謂氣乃「塊然太虛」，如霧氣籠罩天地般浮遊於太虛，吾人卻不可視氣與太虛爲殊別，亦不可解太虛爲廣漠之空間，誠如張載所言，「太虛不能無氣」，太虛本即爲氣，無氣則太虛即不足以立。此外，若太虛乃指廣大無垠之空間，則又陷氣爲占據空間之物質，無視於氣推行化育、亭毒萬物之能動性。是故「塊然太虛」一句，乃明氣即宇宙之本源，萬化非出自於空無，亦非緣自於幻妄，其生滅不已之保證，即來自於氣之升降、飛揚、與運動不息。正由於氣是宇宙，或存有之唯一根源，是以凡虛實動靜等作用，陰陽剛柔等象天地之先者，莫不始出於氣，決定於其屈信往來，故朱子謂之「實與動便是陽，虛與靜便是陰，但虛實動靜是言其用，陰陽剛柔是言其體而已。」〔註56〕氣浮而上者爲陽，降而下者爲陰，於此陰陽雖以清濁判之，實則明其生物、聚結之兩大功能，適如張載所謂「陰虛而陽實，故陽施而陰受；受則益，施則損，蓋天地之義也。」〔註57〕陰陽之施與受，即秉乾坤開物成務、闔戶闢戶之精神，象天地始成之兩大動能，而氣之以清揚象生物之無礙，濁降象成物之以形，其所出亦在於此。是故凡風雨霜雪、山川日月與品物流行，皆不過氣之感通具結所呈現之結果，而「湛一，氣之本，攻取，氣之欲。」〔註58〕氣雖攻取百塗，若就其發展方向言，則亦必自其動而未嘗止息處論之。

在張載學說體系中，氣雖可分陰分陽，統陰陽於一，卻又有別於陰陽，雖天地之生皆出於氣之絪縕，其下卻須別立陰陽二義，以明其有別於形下活動之特性。因此雖然張載不言物理之所出，實暗合理於氣中。誠如其自身所言：

> 天地之氣雖聚散、攻取百塗，然其爲理也，順而不妄。氣之爲物，
> 散入無形，適得吾體，聚爲有象，不失吾常。〔註59〕

氣之飛揚升騰雖無跡可循，然就其順而不妄，變而通之言，則自有其秩序性意義於內。是以不論氣之聚散方式爲何，就其生物不已之大能處言，實具理之義於其中。然氣所具之理，雖可上推於太虛之體，就太虛與氣之一體不二言，則此理實內含於氣自身，換言之，氣所表現的，乃屬於理之層次，而非具體之用，如此亦方得以說明，爲何張載以卦象言天地化生之時，須於乾、坤

〔註56〕同註54。
〔註57〕《張載集》，〈橫渠易說・繫辭下〉，頁225。
〔註58〕《張載集》，〈正蒙・誠明篇〉。
〔註59〕《張載集》，〈正蒙・太和篇〉，頁7。

之下，再舉坎、離以象天地正交。此乃因正交者，即賦形之始，與乾、坤之象大始與作物有範疇之分別，是以坎、離之下方可言化生萬物，而非直舉萬物化生爲乾坤之所出。同理，氣雖不離陰陽運作，然就化生天地言，則須自氣攻取不已，化隱爲顯，合幽與明之角度論之，亦即從萬物如何由無以至有，又由有以至無，循環不已之內在基礎言，至於運作之方式，物種殊別之理之所出，方才專就陰陽各別交通論之。對於氣具實理之義，船山曾有如下之體會：

> 風雨、霜雪、山川、人物，象之顯藏，形之成毀，屢遷而已者，雖
> 遲久而必歸其原，條理不明、誠信不爽，理在其中矣。〔註60〕

由此觀之，雖則張載始終未曾以氣言理，然氣之暗合理趣，則乃不爭之實。
〔註61〕

　　雖然張載所論之氣乃暗合理於其中，然而氣畢竟非純粹之理，其透過陰陽生聚變化而成物之過程，仍爲一必然歷程；換言之，正因氣之必顯發於動，驗之於物成，是故其聚結以成萬物形器之歷程，亦爲其重要之特性。因此張載又言：

> 氣聚則離明得施而有形，氣不聚，則離明不得施而無形。方其聚也，
> 安得不謂之客，方其散也，安得遽謂之無？〔註62〕

氣以動爲其目的，氣動則分二能，二能交會則成形化物，故「氣聚」者，是謂陰陽二能之交會，因其絪縕相感，聚結而利生，因而成之於形器，目可視之，膚可觸之，此之謂「離明得施而有形」；反之，氣若不聚，亦即回復至太虛本源，則其原已聚結之形消魄散，故離明不可得施而致無形。於此，張載所謂之「不聚」，非即喪失其生發活動之狀態，因氣之本質即爲動而不息，故不可須臾不動，既動則必化爲二氣良能，絪縕相感而生相合、相斥之結果，相合則聚結以成物，物雖成而氣仍不斷運動，故有變化產生，及至變化至一定度程，又相斥以另求他往，此即氣之不聚。是故其後言「方其散也，安可遽謂之無？」，即因其形雖散，然而二氣之活動仍在，形聚形散實皆二氣良能運作之表現，故不可以有無異之。綜觀以上所言，張載此段所謂之「聚」與「不聚」，實皆就存有物而言，非就氣之本質加以論述，而欲理解其聚與不聚皆不脫氣之運作，則可參照前文「太和」一節所述「神」、「鬼」之作用。蓋

〔註60〕同註1。
〔註61〕朱伯崑於其所著之《易學哲學史》卷二，頁293中，曾以張載易學爲唯物主義之表現，於此觀之，則其論說未必中肯。
〔註62〕《張載集》，〈橫渠易說‧繫辭上〉，頁181。

神鬼者，乃二氣良能運作之不同表現，因此雖有形與不形，就氣而言，皆其不斷合會之表現。因此張載於釋〈繫辭〉「是故形而上者謂之道，形而下者謂之器，化而裁之謂之變，推而行之謂之通，舉而錯諸天下之民謂之事業。」一段時，曾申氣爲變化推行之本然曰：

> 凡不形以上者，皆謂之道。惟是有無相接與形不形處知之爲難。須知氣從此首，蓋惟氣能一有無，無則氣自然生，氣之生即是道，是易也。〔註63〕

氣之生發不已即是道，雖於聚與不聚間生有無之別，然皆氣之自然生發過程，爲其一體之表現。由此段話觀張載之意，當欲以「氣」爲形而上者，以彰其雖具生育萬物之實，但就其生生不已，未嘗止息處觀之，則誠如前文所述，乃暗合理趣，故不可歸諸形下。張載欲結合理事一致之意，由氣之具雙重意義當不難明瞭。

氣雖可畫歸形上，畢竟爲由一以成多，由虛以成實之關鍵，爲瞭解此一關鍵性意義，則可透過張載對「象」之規範，來明氣動止不已之內容，以有別於太虛之以不可名狀言其本然。張載於解說《易傳》「窮神知化」一節時，曾對氣之可象做了如下之描述：

> 所謂氣也者，非待其鬱蒸、凝聚，接於目而後知之，苟健順、動止、浩然、湛然之得言，皆可名之象爾。然則象若非氣，指何爲象？時若非象，指何爲時？〔註64〕

能以目視之者，爲形爲器，乃氣運作鬱結之產物，但如此並不意謂著氣即爲形物；換言之，形器者乃屬於氣，但氣則不能以形器定義之，形之於氣，猶部分與全體之別。至於健順、動止、浩然、湛然等二氣運作之性質，雖不可見，但可以言語喻之者，是爲可象，則皆謂之爲氣。故氣除具理之意義外，亦具象之性質。

觀張載《易傳》一書中對「象」之使用，除卦象、爻位二義之外，尚有多種用法。如其釋鼎卦上九爻小象之辭曰：「鼎，象也，足陰腹陽，耳虛鉉剛，故曰，剛柔節也。」釋說卦「巽爲木，……其於人也，爲寡髮，爲廣顙」一段時則以「躁人之象也」明之，二者皆以象爲「物象」，爲物體或人物之形貌。又其釋旅卦六五爻以「四處陰應下，堅介難致，雉之象也」。而於〈序卦傳〉

〔註63〕同註62。
〔註64〕《張載集》，〈橫渠易說・繫辭下〉，頁219。

中則釋需卦以「雲上於天，物皆有待之象」，是皆以象爲「意象」，爲指意所得，乃藉辭以喻意，或藉物以明其性質，因此象又有「性質」或「本質」之意。此外，張載釋〈繫辭傳〉上「吉凶變化，悔吝剛柔」爲「易之四象歟！」，又釋「象者，言乎象者也。」一段以「象，謂一卦之質」，則視象爲事物本質之代表。再者，象由於牽涉到變化之歷程，故又具「現象」或「彰顯」之意於其中，如其釋〈繫辭〉「變化者，進退之象也。」一句以「察進退之理爲難，察變化之象爲易」，即以象爲「現象」、「表象」之意，而於「是故闔戶謂之坤，闢戶謂之乾，一闔一闢謂之象也」一般解釋中，則以人之具呼吸氣息爲乾、坤運作之表現。最後，於「神而明之，存乎其人。」一段中，他更以「上天之載，無聲臭可象，惟儀刑文王。」釋象爲「表彰」、「彰顯」天道生續不已之精神。由象之具「物象」、「本質」、「彰顯」三意可以看出，象於張載之思想理路中，已脫離單純之物象、事象、及意象之內涵，進一步具有本質與成就之雙重意義；換言之，象所具備之意義，不僅在於指意之功能，亦在於透過性質與彰顯二義之並具，來保證本質與存在間之一致性與同一性。因之張載明〈繫辭〉「爻象動乎內，吉凶見乎外。」以「因爻象之既動，明吉凶於未形，隨爻象之變以通其利，故功業見也。」〔註65〕爻象之動於一卦中之意義乃明時位之變化，若套入宇宙論體系之中，則可謂整個變化歷程中之各個階段，或各種不同之表現。至於吉凶，則須見之於事，是強調其在事件未形之前，即能藉變化之可能發展而加以預測之作用，足見爻象之動，或謂大化之推行，乃具備論理之基礎，而此基礎則是建立在本質與存在之內在一致性，或潛能至現實之必然發展過程，此亦即張載賦予「象」所具備之意義所在。故張載進一步指出：「陰陽天道，象之成也。」〔註66〕陰陽者，乃象「氣」之分殊而以動者，是之爲象成，亦即由無過渡到有之關鍵，象之界於有無，由此可見。此外，由象之抽象性意義可以看出，象與形乃有所分別，非隸屬於同一個存有範疇，象者，乃屬形而上者，是明氣之運動性本質，及其生物之必然性；形者，則爲氣化，爲陰陽化生後，運動已成之結果，是屬形而下者，爲可見之具體存有者。張載即曾指出：

幾者，象見而未形者也，形則涉乎明，不待神而後知也。〔註67〕

〔註65〕 《張載集》，〈橫渠易說・繫辭下〉，頁210。
〔註66〕 《張載集》，〈橫渠易說・說卦傳〉，頁235。
〔註67〕 《張載集》，〈橫渠易說・繫辭下〉，頁221。

形者，為不須經由對氣虛之神化加以明瞭之過程，即得以知之者，乃具體的、有形的、為五官得以掌握者；反之，象者，則待神化推行，亦即生生歷程被理解之後，方可藉思慮加以知之，象之形上義於此明之，同時亦證氣之隸屬於形而上範疇，而非形而下之物質義。雖則象與形二者可謂具備了不同之意義，然由於象具備生物、成物之特殊內涵，保證了氣運作發展以成天地之必然性，故其與形之間乃一體之兩面，具備了論理先後之關係，其一體相續之內在一致性，可透過下面這一段文字加以得證：

今雷風有動之象，須得天為健，雖未嘗見，然而成象，故以天道言。及其法也，則是效也，效著，則是成形，成形，則地道也。若以耳目所及求理，則安得盡。如言寂然、湛然，亦須有此象。有氣方有象，雖未形，不害象在其中。〔註68〕

象者，為未得以見之者也，乃屬天道生物不已之範圍，效此精神而運作所得之結果，則是形也，亦即地道。是故就氣之動言，謂之象，自其動而成物言，則謂之形，象之與形，乃氣之運作歷程中，論理上具先後次序之二者，然於實際生發過程中，則象在形中，無形之已成，則象之意義亦不復存在，此亦即張載所謂「形者，乃效其法之彰著」之真義。

二、氣與變化

張載除藉象形之分別，說明了氣內在之具運動性，以及落實於形器之必然歷程外，亦透過氣之生生不已，來說明變化之本質。首先，其於解〈繫辭〉「子曰：知變化之道者，其知神之所為乎？」一段時，曾對變與化下了如是之定義：

變言其著，化言其漸。

於此，對於變化之性質，必須透過氣來加以理解，方可知其所謂「著」與「漸」之意，因而此段文字之意當為：所謂變者，乃明氣之彰著以成形者；化者，則謂氣運作推行之不可以目視之者，亦即其具健順之象部分。因此所謂變者，可視為大化歷程中，象各階段之成就者；換言之，在整個運動不已之過程中，氣之升降、聚散乃不斷上演著，有些因前後之相差甚微，因此肉眼無法見之，此即為化之過程，直至某一程度，可用視覺等一切外感官查知其異時，即謂之變。變者，實即化之一部分，只因其能審之於離明，故特舉之以象天地之

〔註68〕同註67，頁231。

運動不已。因此，就「化」象氣之推行不已言，其具有整體歷程之意義於內；就必落實於形器，成就宇宙萬物而言，則「化」又具備了必然性，與生生不已之能動性。至於「變」，則因其著「形」之有別，故具有階段性之意義，換言之，由於其象徵著每一階段之完成，故具有結果之義。化之與變，正如同一卦中之各爻乃整體之部分，而每一爻亦象徵著此卦由前卦過渡至下一卦過程中，每一階段之時位表現，過現未三者恰如象與形間之關係，乃環環相扣，不可或離的。是故張載又言：

> 變則化，由粗入精也，化而裁之謂之變，以著顯微也。化而裁之存乎變，存四時之變，則周歲之化可裁，存晝夜之變，則百刻之化可裁。〔註69〕

每一變之所以成，是皆化之彰著，而變之完成，亦象徵著另一階段之開始，故謂之「變則化」。由化至變，固為由象過渡至形之表現，乃一必然之過程，由變至化，亦惟象之運作於形內，方使二氣能不斷交替作用，促可能之潛能，或本質以不斷現實，並成就生物不已之表現。故化之與變，於外在表現上雖有顯微之不同，即無本質之異，若定之以四時之異為變，則有周歲之化可裁，可以具結，若定之以晝夜之差為變，則有百刻之化可資與奪，化乃接續不已精神之表現，變則關乎人之聞見。宇宙之大化流行乃不待思慮以成者，為自然不已之前後相續過程，僅有先後之關係，而無定言之分別，恰如山中歲月之自然流逝，僅有日出日落，多盡春來之異，而無甲子年歲之別，朱子釋之為「化是逐一挨將去底一日復一日，一月復一月，節節挨將去，便成一年，這是化」〔註70〕。故張載於《正蒙‧大心篇》中曾謂「化則無成心矣，成心者，意之謂與」，又謂「無成心者，時中而已矣」，泯滅了心知分別，則所得不過順時推行，循理運作之過程罷了，此亦即「化」者行推行之實之必然性。

變雖具思慮之意義，然必放入大化之中，方顯其存在價值，無化則無以言變；換言之，具階段性意義之變，必放入整體歷程當中，方顯其具顯、彰明之價值，亦為運動不已之宇宙，提供一結果，為人類對自然之認知，提供一顯而可見之對象。是以張載又言：

> 乾坤成列而下，皆易之器。乾坤交通，因約裁其化而指別之，則名

〔註69〕《張載集》〈橫渠易說‧繫辭上〉，頁208。
〔註70〕《朱子語類》，卷八十九〈張載之說〉。

　　體各殊，故謂之變。推行其變，盡利而不遺，可謂通矣。〔註71〕
陰陽運動不已，實即乾坤交通之表現，因其上下、盈虛，故生象之與形，成
就宇宙萬物之生化，而在化生過程當中，因異以指別，故生名體之殊異，具
物種之分別，此則謂之「變」也。誠如前文所言，張載極欲於氣之升降飛揚
中，解決物種分別之所由，而避免從純理之角度來抽象分別之，然其雖於「太
和」一段之說明中，不斷以陰陽運作方式之各殊，來解釋物物所以成方式之
不同，又由「象」之內涵暗示其統本質與存在於一之特性，及至論變化之相
涵攝部分，又以「變」為名體各殊之表現，然終究無法就種與類之必然性分
別，別立一不可變、永恆具存之形上根源。換言之，以「氣」論萬物生具之
以實，而非虛，及宇宙運作乃一整體性、內在性之循環歷程，張載之說確具
其長處，然若欲說明種差類別，則由於氣本屬動而不已之大能，雖可實現大
易生生不已之精神，卻無法說明其如此分別之所以，及其不變之特性，此點
實為張載學說之缺點。

　　此外，張載論變化之說，雖合於其對氣、象、形三者之解釋，然其始則
可推至其對卦象與爻位間關係之理解。如其釋乾卦〈象傳〉「乾道變化，各正
性命」一語以：

　　　　此謂六爻。言天道變化趨時者，六爻各隨時自正其性命。謂六爻隨
　　　　正性命各有一道理，蓋為時不同。

六爻之各正性命，正猶物物之各以異別，亦如「變」之表名體殊異，雖有分
別，卻皆出自乾元生物不已之推行。於此，張載雖強調六爻之各正其位，乃
各自有一道理，並以「時」喻其理之依據，然其對「時」之定位則十分模
糊，只能以求最適宜之表現為其內涵，而此最合宜之舉措，則又定位於以能
生物不已者為最高之價值，故其機動性意義十分明顯，須視各種緣會來決定
其動止。此一特性表現於變化一義中，於是「變」便具有不可預測之機率性
意義，此亦足以說明為何張載思想體系中，欠缺一不變之形上實體，以明物
種分別之所由，是皆因「變」之義，亦即物種分別之標準，具有機遇性意義
緣故。

　　綜觀張載對變化之說明，實亦環繞著氣之未嘗止息處言，是故不論象之
與形、抑或變之與化，皆明氣動而不已之內涵。氣以動而生物為其本質，故
雖未具形，已具健動生物之象，雖成物於變，實皆大化歷程之部分，「象」與

────────────

〔註71〕　《張載集》，〈橫渠易說‧繫辭上〉，頁 207。

「化」之對「形」與「變」，乃張載欲明形而上下一致之利器也。

第四節　張載道論

　　於張載，天地萬物本即氣之周流變化，而所謂道者，即在於明氣運動不已之歷程。前文已言，氣於張載思想體系中，乃主形而上者，故不可落於形器，爲說明其運動之大能，故以陰陽明之，而爲昭示其形而上之特質，除以「象」喻其有別於形器之外，復舉「道」以明其推行化育之過程。張載曾言：

　　　　由太虛，有天之名，由氣化，有道之名。〔註72〕

太虛者，乃明天地創發之根源，而道者，則明氣絪縕變化之過程，是故「道，行也，所行即是道。」〔註73〕道乃天行健之軌跡。於此，「道」所欲彰顯者乃超乎時空之外，不受聞見所限之整體過程；換言之，它不是就物物如何推行之角度來探討問題，而是以整個宇宙爲其說明之對象。因此道乃超乎個別生滅之上，雖可驗之於物種殊別，卻爲「迎之不見其首，隨之不見其後」，「其中有象，其精甚眞」者〔註74〕，是以張載又謂：

　　　　運於無形之謂道，形而下者不足以言之。

　　　　一陰一陽不可以形器拘，故謂之道。〔註75〕

陰陽泛指天地運作所須具備之條件，就此而言，自不得以有形之物事來加以局限。須知形器者，乃指具體、有限之個別，就運動之大能言，則須被包全體，是故不得以部分來規範全體，道之所以立，即在於明其周流六虛、範圍天地之全體性意義。《正蒙‧太和篇》中曾謂：「太和，所謂道。」太和者，求致陰陽以最高和諧也，而此一過程實即宇宙萬物賦形之經過，因此又謂之「道」。由是觀之，道是須建基於氣之運動上，明其推行不已之整體過程；換言之，道乃顯乾、坤之爲用也，亦即張載所謂之：

　　　　神，天德，化，天道。德，其體，道，其用，一於氣而已。〔註76〕

捨乾、坤之用而言道，則道名存實亡矣。張載將先秦儒家以道爲人事合於規

〔註72〕《張載集》，〈正蒙‧太和篇〉，頁9。
〔註73〕〈橫渠易說‧經上‧乾卦大象釋〉。
〔註74〕此段用語乃襲自《老子道德經上》。
〔註75〕以上二則引文，皆出自〈橫渠易說‧繫辭上〉，頁207及〈乾卦象傳釋〉，頁71。
〔註76〕《張載集》，〈正蒙‧神化篇〉，頁15。

律之精神，延伸至天道範圍，故天道不再是孤立於眾物之上，脫塵絕俗之獨立實體，而是必須驗之於形器，運之於天地，如此方可明其真實不妄。張載對世人不明道必證諸天地生物之大用，曾有如下之批評：

> 此道不明，正由懵者略知體虛空爲性，不知本天道爲用，反以人見
> 之小因緣天地。〔註77〕

以道之用，補太虛之至虛至靜，張載不偏廢於一隅，欲明天地全體大用之心，於此可見。因此，道之可久、可大，象永恆而無際涯之特性，亦須落實於天地之中，以創化之生生不已來加以驗證，是即其所謂「道所以可久可大，以其肖天地而不離也，與天地不相似，其違道也遠矣。」〔註78〕之真義。

道由於象天地生物以成之整體歷程，故乃自統一綜合之角度，來說明氣之升降飛揚，猶如「太和」和異以成質之作用；換言之，二氣陰陽之聚合離散過程，實即道所呈現之內容。對此，張載明之以：

> 動靜合一存乎神，陰陽合一存乎道。〔註79〕

從動靜之作用上言，固稱之爲神，以明其神妙莫測特質，從陰陽之生物言，則必稱之爲道，以明其生生不已之整體歷程。道非明天地之至極，卻結合了二氣與物爲一，其作用恰如「象」介於「氣」與「形」間之地位，乃明升降之陰陽二體，如何藉虛實動靜之作用，化生爲風雨雷電、草木蟲魚等存有者，所不同者在於，「象」乃明由虛至實之必然性基礎，表由潛在狀態發展至現實之內在一致性，「道」則明由幽至明之整體歷程，明天地整體之表現。爲明「象」與「道」之互爲表裏，張載於是表示：

> 形而上者，得意斯得名，得名斯得象，不得名，非得象者也，故語
> 道。至於不能象，則名言之矣。〔註80〕

形而上者，即所謂道也，名者，則爲可言，是爲可理解者，乃理也，得意方得以得名，是表名理之出於形上，至於象著，則指陳名理之落實於形下，故而若無象之彰著，則名言將落於空洞之符號。名與象之關係，適足以說明「天道推行，地道效著」之精神，實即表現於象中顯物，物中證象，一體不二之關係中，此亦即道介乎形而上下之特徵。雖然道者，乃明陰陽之屬形而上，然就其顯現於具體事物中而言，則道之存在乃表現於形器，所不同者，雖則

〔註77〕《張載集》，〈正蒙‧太和篇〉，頁8。
〔註78〕《張載集》，〈正蒙‧至當篇〉，頁35。
〔註79〕《張載集》，〈正蒙‧誠明篇〉，頁20。
〔註80〕《張載集》，〈正蒙‧天道篇〉，頁15。

張載並未明言理之具存，然而理自在氣中，故物之所成皆具其理。換言之，物物之殊別乃各具其私，此亦其異於他物之所以，至於道，則由於範圍天地全體，因此非專言物種類別之形成過程，而是由統一之角度來看待宇宙之化成，此一特性，張載即以「自然」名之。其言曰：

> 世人知道之自然。未始識自然之爲體爾。〔註81〕

道無私意、無所偏私之特性，非人爲所致，故謂之自然。然世人僅知「道」之表現內容──亦即萬物之具存，僅識呈現於外感官之現象世界，便以爲自己知「道」，卻不知無偏私、具統一體之特性，方爲道之所出。換言之，在整體歷程中，除物物相生之形下表現外，亦顯現了統異以和一、解異以成質之形上意義於其中，如此方可顯道之眞義。

道兼具形而上之特質，與形而下之表現，故爲合形而上下於一體者，不累於物，亦不停滯於至虛之境，故能於生物以質、開物成務、具顯於現象界外，又呈現出推行不已、不因各別生滅而停頓、止息之特性。張載因之稱頌曰：

> 體物體身，道之本也。……道能物身，故大，不能物身而累於身，
> 則藐乎其卑矣。〔註82〕

船山釋此曰：「萬物之所自生，萬物之所自立，耳目之有見聞，心思之能覺察，皆與道爲體。知道而後外能盡物，內能成身。」〔註83〕是認爲不能體道合內外於一體之特性，將累己身於物之境地，共陷於形器之中而無法超拔。張載曾釋此內外合一，毫無偏廢之特性爲：

> 體不偏滯，乃可謂無方無體。偏滯於晝夜陰陽者，物也，若道則兼
> 體而無累也。

能兼陰陽二體，涵其運動以成天地萬物之特質，卻不停滯於此一形器產生之個別過程，能以全體大用之角度來看待之，此即兼體卻又無累之義。其下繼之曰：

> 以其兼體也，故曰「一陰一陽」，又曰「陰陽不測」，又曰「一闔一
> 闢」，又曰「通乎晝夜」，語其推行，故曰「道」。

不論是陰陽之闔闢，或是生物之以形，凡明二氣推行之整體歷程者，即可

〔註81〕同註80。
〔註82〕《張載集》，〈正蒙・大心篇〉，頁25。
〔註83〕《張子正蒙注》，〈大心篇〉。

謂之爲「道」，故凡能「合內外，平物我」者，方可謂「見道之大端」者也
〔註 84〕。張載於道之體認，除了承續其體用兼備、有無合一之一貫思想理路
外，其結合理事於一之精神，則顯示出其對現實世界存在價值之肯定，以及
欲由物理轉換至事理之用心，換言之，道不僅將其宇宙論中所強調之整體性
呈現了出來，亦爲其結合天道與人道於一之推展，預做了規劃，可以說，張
載之所以能成就一價值哲學之體系，其基礎即在於對道之定義與肯定，而此
亦爲其論道之最大意義。

第五節　論陰陽

　　以陰陽象天地具體運作之義，乃來自《易傳》「一陰一陽之謂道」之辭，
而陰陽從卦象上看雖爲一卦構成之基本組織，然透過二者之交錯變化，因此
形成不同之卦象，因而說明卦與卦間之變化乃具有邏輯性之結構，以及六十
四卦推而不窮乃象天地之往復循環，其基礎便在於象一卦基本結構之陰陽，
實反應天地所以運動以化生，並至生生不息之主要因由。張載承襲了前人見
解，以乾、坤二卦爲六十四卦之主，視其餘諸卦爲乾、坤之衍生，並透過「乾
坤爲實，陰陽爲用」之觀念，說明乾坤如何透過陰陽之運作，將其生物不已
之精義，實現於諸卦開展之中。換言之，於《易傳》中乾坤二卦之精義，本
即當顯於諸卦之成象，無諸卦之成，乾、坤即亦無以立，而其所以能得以成
就者，則全賴陰陽之往來交通，因此陰陽者，可謂乾、坤生物賦形之工具也，
而其運作方式，則須依乾、坤之原理加以施爲。以下先明乾、坤之內涵，及
其與陰陽間之關係。

一、陰陽與乾坤

　　於卦例中，張載承續了京房以來之立場，以乾、坤爲父母卦，其曾解《易》
〈繫辭〉「乾坤其易之縕邪，乾坤成列而易立乎其中矣，乾坤毀則無以見，易
不可見，則乾坤或幾乎息矣。」一段以如下之見解：

　　　　乾坤既列，則其間六十四卦爻位錯綜以爲變易。苟乾坤不列，則何
　　　　以見易？易不可見，則是無乾坤。乾坤，天地也；易，造化也。

六十四卦間之錯綜變化，其首要條件即在於乾坤之首出，換言之，乾坤於六

〔註84〕以上三段引文，皆出自《張載集》，〈經學理窟・義理篇〉。

十四卦中，具有論理之先在性，相應於宇宙論，則合六十四卦以成之易，便成為具推行造化之功者，而其具體內容，則為乾、坤所象之天地運作歷程。因此張載進而以乾卦終始萬物之精義，推至六十四卦之成，並於宇宙論中，視之為化物賦形之最終來源。其言曰：

> 乾之四德終始萬物，然推本而言，當父母萬物。雲行雨施，散而無不之也，言乾發揮編被於六十四卦，各使成象，萬物皆始，故性命之各正。

乾之四德「元、亨、利、貞」於張載之詮釋中，象徵著四時變化，亦即春、夏、秋、冬等時序〔註85〕，而由於四時之特性，正象徵著生命成興衰滅之循環，因此張載謂其「終始萬物」，並推之當「父母萬物」，如萬物之父母般，行其生育亭毒之功。乾元將其元亨利貞四德編被於各卦，使之各具成物賦形之性，至坤元，即乾元之偶也，至順不煩，效乾元之德而施及普遍，二者互相配合，故成就萬物，生生不已，此亦即張載〈西銘〉（〈正蒙乾稱篇〉）中所謂「乾稱父，坤稱母，予茲藐焉，乃混然中處」，置人物於乾、坤所施中之背景。

張載雖承乾、坤父母卦之思想，但對於如何錯綜以用，則捨卦變之解釋，明之以「適盡即生」之意。誠如前文所言，對於變化之規律，或即各正性命之所以，張載往往無法提出一不變形上之理來加以說明，因此他以「時」來代替物理，以「適宜、合宜」來說明變化之因。有關卦變之問題，其曾於解復卦〈象傳〉「復見其天地之心乎」一句時，有如下之說明：

> 復言「天地之心」，咸、恆、大壯言「天地之情」。心，內也，其原在內時，則有形見，情則見於事也，故可得而名狀。自姤而剝，至於上九，其數六也。剝之與復，不可容線，須臾不復，則乾坤之道息也，故適盡即生，更無先後之次也。此義最大。

復卦之義乃明「天地之心」，張載則謂「心」者，必源自於內，亦即內在於可名狀之事，凡有此內在之源者，方得以形見於世。因此復卦之義，實在於明天地萬物得以具現之內在性原理。接下來張載採京房八宮卦變之前五變，以姤卦為乾、坤初交，歷遯、否、觀等卦，至剝卦再變而為復卦。由姤卦至剝卦共五卦，若上九再變，則成坤卦，頓失天地交通之義，故綜而變至復卦，

〔註85〕《張載集》，〈橫渠易說·繫辭上〉，頁204中，張載曾謂「四象即乾之四德，四時之象。」以四象為乾之四德，為四時時序。

象天地「言反又言復，終則有始，循環無窮。」〔註86〕之義，是以張載謂由剝至復之過程乃「不可容線」，若不變爲復卦，則乾、坤交際之道便喪失了。爲明由剝至復卦變過程之理論基礎，張載於是明之以「適盡即生」之意，明白指出變化之意義，是在於延續乾、坤相交精神，既便宇宙之運動亦不得悖此而行，當以此爲其原理，不必拘泥於小規小矩，是即「無先後之次」之義。

由以上說明可知，對於乾、坤之詮釋，張載乃採乾、坤二主說，視乾、坤遍被於六十四卦，且由易之合乾坤二者於一，更進一步以「適盡即生」做爲運作之原理。然而乾坤雖並主天地之生，卻有性質之分別，而此一分別正爲陰陽得以運作而成萬物之主要依據，是以對於乾、坤「易知、簡能」之分別，張載曾有如下之界說：

> 大始者語物之始，蓋乾全體之不遺，故無不知也，知之先者，蓋莫如乾；成物者，物即形矣，故言作，已入於形器也。……乾以不求知而知，故其知也速，坤以不爲而爲，故其成也廣。……言知者，知而已；言能者，涉於形器，能成物也。〔註87〕

此處所謂之「知」，可有二義，一指思慮之知，如「乾以易知」，即明乾之以生物被知；另一義則非指思慮之知，而是指有所主之統一性作用，如「無不知也」句中之「知」，即明其具綜合作用之先在性。就後者而言，其生物之作用，不可以創造或時序之相生理解之，是不具任何物質意義的。同時乾之易知，亦不同於西洋哲學所言之純粹形式（Pure Form），爲有所限制，有所規範者；反之，其知乃以不求知而致之者，亦即具機率性意義之運作，乃當下之統合，非先預設一切而有所規劃，故易於知曉，能「體物而不遺」，「至健無體而感速」，無所偏廢，且具顯於物事之中。相反於乾之機遇性綜合作用，坤之作用乃有所限制，須涉於形器，成物物之以生方可，但於此並不意味坤元即具物質性意義，反之，相應於乾元之統合萬物，坤元乃指落實於實在界之作用。於語言上乾、坤雖分而言之，於作用上則爲同時具足，無先後之分別。因此張載又謂乾、坤之闔闢曰：

> 闔戶、靜密也，闢戶、動達也，形開而目耳聞，受於陽也。一動一靜，是戶之常，專於動靜則偏也。〔註88〕

〔註86〕《張載集》，〈橫渠易說・復卦・卦辭解〉，頁112。
〔註87〕《張載集》，〈橫渠易說・繫辭上〉，頁178。
〔註88〕同註87，頁203。

乾、坤之象動靜，須合而言之，是爲常則，且此合而言之，非爲聚合，而是統合，乃和異以成一者，如此方得以成物以化形。

　　乾、坤二元所代表的，乃天地運行時之兩大作用，前者是指綜合統理、有所主之力量，是將各別之材質，薈萃於各個不同對象，使萬物能各具其特殊性之作用，故其質爲健、爲動達；後者則指落實於在界之必然性，亦可謂完成乾元作用之助力，故其質爲順，爲靜密。此二者看似分立，實則必須輔以彼此，乾元待坤元來實現其價值，坤元亦待乾元之作用來完成其目的，二者乃同體異用。因此乾、坤二元須交會作用，方得以生生無窮，而其交通之原理原則，則爲「適盡即生」，即以能生物爲其最高之原理。由是知之，乾、坤二元之作用，實即氣之運動不已，而其以生物不息爲原則處，亦符合太虛之內在要求，是以所謂乾坤，亦必待運動而加以具顯，非指一純粹形上不變實體，而其現實之方式，則有待陰陽之實際作用。關於乾、坤與陰陽間之關係，張載有如下之說明：

> 先分天地之位，乾坤立則方見易，故其事則莫非易也。……物物象天地，不曰天地而曰乾坤者，言其用也。乾坤亦何形？猶言神也。……陰陽言其實，乾坤言其用，如言剛柔者。乾坤則所包者廣。
> 〔註89〕

乾、坤既立，方可顯生生之義，故謂之見易，至於乾、坤之自用言，則非指具體操作之意，而是如「氣」一般，指其具備了運動之必然性，故言其猶似「神」之能動。乾、坤乃指運動之原理、原則，故所範圍者乃全體而不偏廢，至於實際作用，則有待陰陽二氣之交際，換言之，乾、坤「適盡而生」之精義，亦必待陰陽之以同相斥、以異相吸等各種不同之運作方式來加以完成。

二、陰陽之性質及其運作規律

　　張載曾謂「氣有陰陽，屈伸相感之無窮，故神之應也無窮」〔註90〕，氣具運動之理，正如乾、坤並立之必然性，而乾、坤之施行，則在於陰陽二能之屈信相感。陰陽體乾、坤運作之原理加以運作，其施爲亦不得悖乾坤之性質而獨立。於乾，由於象統萬物於一之積極性作用，是以當氣分化爲二，象乾之陽氣，即秉其健動、成物之性，而具生生之大能；於坤，則由於明變化

〔註89〕 同註87，頁177。
〔註90〕 《張載集》，〈正蒙・乾稱篇〉，頁66。

之必然，亦即證氣之必落於形器，因此象坤之陰氣，即秉其聚結成物之作用而加以施行。是故張載謂之：

　　　　陰性凝聚，陽性發散，陰聚之，陽必散之，其勢均散。〔註91〕

陰秉坤元，故其性凝聚，乃將氣由虛凝成實，變爲形器之作用；陽秉乾元，故其性發散，不停滯於既成之形器，乃不斷尋求生發暢遂，尋致另一種統率聚合之方式。張載所謂：「陽之德主於遂，陰之德主於閉」〔註92〕，其意即同於此。陰陽二氣各有所主，承乾坤交際之大義，故交感相通，化生萬物，張載謂此：「雖陰陽義反，取交際爲大義」〔註93〕，陰陽交通所呈現的，乃二性互相進退、損益所致之各種現象，故「凡陰氣凝聚，陽在內者不得出，則奮擊爲雷霆；陽在外者不得入，則周旋不捨而爲風。其聚有遠近、虛實，故雷風有小大、暴緩。和而散，則爲霜雪雨露，不和而散，則爲戾氣霾。陰常散緩，受交於陽，則風雨調、寒暑正。」〔註94〕張載以陰陽交通之方式，闡述了其對於自然現象所以產生之看法，此亦爲張載學說中最模棱兩可，令人無所適從之處。因爲由其對氣之論述可明，其欲藉氣將形上之理，引致形下之器，故其以象之位於幽明分界，明氣之關鍵性意義，以神之與鬼，明氣本然具足之內在性運動精神，然對於化分爲二氣之陰陽，則並無十分完備之解說，致使陰陽徘徊於作用與物質義之間。陰陽如本即具物質性意義，則氣如何能擺脫物質性義？如陰陽乃氣二分之後所具之物質性，則二分之過程是否即爲由無物跨越至無生物之中界，此將爲張載學說難以說明之處。無論如何，於張載之思想理路中，氣之非形而下，乃確然不可疑者，雖以之得證形而上下之一體，然氣所欲明者，仍在於其運動不已之精神，以及象與形之一體性，至於陰陽二義，方爲張載明氣如何化生爲自然萬物之主要條件。是以張載又言：

　　　　游氣紛擾，合而成質者，生人物之萬殊，其陰陽兩端循環不已者，

　　　　立天地之大義。〔註95〕

二氣相摩、相盪、合而成質，成具體之事物，故生物種之殊別，而陰陽二氣之循環、交會，實爲天地賦形過程中運動之原理、原則，亦爲乾坤並作之顯

〔註91〕《張載集》，〈正蒙・參兩篇〉，頁12。
〔註92〕同註91。
〔註93〕《張載集》，〈橫渠易説・泰卦六五爻解〉，頁95。
〔註94〕《張載集》，〈正蒙・參兩篇〉，頁12。
〔註95〕《張載集》，〈正蒙・太和篇〉，頁9。

現。是以朱子釋曰：

> 乾道成男，坤道成女，此游氣之紛擾也。

視陰陽交通爲乾坤之落實於天地，並解「游氣紛擾」一義以：

> 游氣是氣之發散生物底氣，游亦流行之意，紛擾者，參錯不齊，既
>
> 生物，便是游氣。若是生物常運行而不息者，二氣初無增損也。

以上所謂「游氣紛擾」，實證明二氣之「循環不已，是生生不窮之意」〔註96〕，而此亦爲承乾、坤「適盡即生」之生生大義者。朱子雖承二程思想體系，爲理學派之大宗師，然對於張載謂氣之處，則有十分中肯之解釋，亦未失其精義發明之處。

陰陽二氣既爲天地萬物以成之運動原因，因此爲一切變化之所出，張載據此釋《易傳》「成變化而行鬼神」以「成行陰陽之氣而已矣」〔註97〕，一切運動、變化與物類之相異，皆在陰陽之升降相求，遂閉闔闢之間推展開來。是以張載又謂：

> 造化所成，無一物相肖者，以是知萬物雖多，其實一物，無無陰陽
>
> 者。以是知天地變化，二端而已。〔註98〕

萬物雖無兩完全相同者，然就其爲物而言，則皆具陰陽二性，皆爲陰陽運作之所成，因此一切的變化，宇宙之由隱至顯，由幽至明，實皆掌控於二氣之交際。陰陽二氣，實爲明易「屈信相感而利生焉」之最佳說明。

就表現形式而言，天地運作乃陰陽升降之作用；就其質而言，則爲剛柔、爲虛實、爲動靜、爲聚散、爲清濁之互動，不論其表現方式爲何，二者皆具含於一體。從卦例上看，任何一卦皆須含有陰陽二爻，以象天地交泰，此二種形式相對之爻象共存於一卦，因不同之組合，而共同形成相異之卦象，此即謂兼體，互相兼有之義。張載謂之：

> 陽卦多陰，則陽爲之主，陰卦多陽，則陰爲之主，雖小大不齊，而
>
> 剛柔得位，爲一卦之主則均矣。〔註99〕

雖然在理論上氣分陰陽二端，然從氣之運動未嘗止息看，則陰陽始終交合而行其變化之實，未嘗有眞正區分爲二之時，既便氣有聚有散，然聚散之間，陰陽仍不斷在行其交通之實，此即其所明天地交泰之大義，以及陰陽共存爲

〔註96〕以上三段引文，皆出自《朱子語類》，卷九十八〈張子之書〉。
〔註97〕《張載集》，〈橫渠易説・繫辭上〉，頁196。
〔註98〕《張載集》，〈正蒙・太和篇〉，頁10。
〔註99〕《張載集》，〈橫渠易説・繫辭下〉，頁214。

本之意。其文曰：

> 坎離者，天地之中二氣之正交。然離本陰卦，坎本陽卦，以此見二
> 氣其本如此而交性也，非此二物則無易。〔註100〕

坎、離爲天地運行之始，其下然後化生天地萬物，雖有陰卦、陽卦之分，然其本仍爲陰陽二爻之交合，只是有所主、有所輔，表現形式不同罷了。是故張載又謂：

> 陰陽之精互藏其宅，則各得其所安，故日月之形，萬古不變。若陰
> 陽之氣，則循環迭至，聚散相盪，升降相求，絪縕相揉，蓋相兼相
> 制，欲一之而不能，此其所以屈伸無方，運行不息，莫或使之，不
> 曰性命之理，謂之何哉？〔註101〕

張載爲明陰陽合德之必然性，故舉日月之不變爲證。然日月仍爲陰陽化生之產物，本即大化流行之一部分，雖以識見之知視之，似爲萬古不變，然自理論而言，亦統於二氣循環不已之律則。於此，張載以其對天體有限之知，做了錯誤之例證，不但違背了其立論，亦不合星象之學，然捨此小處而言，其目的不過爲明陰陽之相互涵詠罷了。至於運作之次第，則陰陽之相摩、相盪、升降以求，則並無一定之模式，因之其言「相兼、相制、欲一之而不能。」關於陰陽之表現方式，於「太和」一節中已藉咸卦之例加以說明，於此不再贅述。

　統而言之，於張載理論系統中，陰陽所象徵的，乃足以化生萬物之兩大原因，其性質雖秉承乾、坤二卦之精義，然與乾、坤則有功與用之分別。陰陽象相對之各種性質，這些相對性質乃不可孤立以自存，必須同時具足，雖因聚合方式之不同有相吸、相斥、相兼、相制等各種表現，然就其原理而言，皆不脫交泰之天地大義，此亦即張載陰陽觀念中最重要之一項特質。故船山謂此：

> 陰中有陽，陽中有陰，原本於太極之一，非陰陽判離，各自孳生其
> 類。故獨陰不成，孤陽不生，既生既成，而陰陽又各殊體。〔註102〕

陰陽相求本既天地之大經，雖有名體之殊異，就其生物不已言，實具顯於物物，此即張載陰陽之義。

〔註100〕《張載集》，〈橫渠易說・坎卦卦辭釋〉，頁121。
〔註101〕《張載集》，〈正蒙・參兩篇〉，頁12。
〔註102〕王船山，《張載正蒙注》。

結　論

　　由張載太虛、太和、氣、道，以致於陰陽之論述可以看出，其內容不但包含了形上學之範圍，亦兼具本體論之意義，是以僅能以宇宙論稱之。雖然張載立論之原始出發點，或如張俊民所謂，乃欲平有無之異、與天人之分，達到體用兼備、一如之目的，然而由於其仍承襲了先秦儒家以人為本之精義，是以透過其論述所傳達出來的，除了對宇宙生發歷程與究竟之探求外，更有著對人事發展之深刻期許，此點由其論「參天兩地」之義，以及「道」之得以被理解處將不難得知。是故其論述宇宙生發過程及內容之部分，雖可獨立成為章節，然而其學說內容之意義，則須配合人性論之說明方得以具顯，換言之，易合天地人三才之精神，雖然奠基於張載宇宙論結構之中，卻必須完成於其人性論，而此亦即張載易學最重要之精神。

第二章　張載論人性

　　張載所規劃之宇宙論，其中最重要之觀念在於「氣」之一義，無論是太虛、太和、陰陽、或天道，所言皆不脫氣之範疇。至於其所論述之人性論，雖探討者乃性、心、情及善惡等問題，然所出亦不脫氣之統籌。「氣」對於張載而言，不但為實在界所出之源，同時由於其生物不已，促使萬物彼此間共生共榮、統一完滿之精神，更成為人類追求之最高理想。雖然在吾人體會及奉行之過程中，因個體賢達愚馴之不同，而有不同程度之困難，然而由於人乃萬物之一員，亦出自氣之所成，故秉此天地之性，皆具上體天心之潛能，皆可至聖人之域。孟子曾謂「人皆可為堯舜」，大乘佛學「亦有人皆具佛性」之說，二者皆強調人具有完成道德人格之潛在能力，而張載則藉助氣之運作，於萬物一體及宇宙運行不已等觀念之中，發揮其天人一體、互感互應，及生生不已之人性觀，故堯舜與佛，不再成為可望而不可及之目標，而是存於人類自身，具備了積極性與開發性之潛能。此外，由於氣周流上下，與和仇解異之特性，亦消弭了物我分立與人己殊別，如此亦方足以說明道德要求之當然性。是故透過氣之貫穿，天地固賦予人類以生命與特別靈秀，而同樣透過氣之牽引，人類又賦予天地運行以最高至善，及道德之所以立。換言之，張載藉氣，完成了易合天地人三才於一之精神，非但使人性之根源得以有所說明，同時亦使得天地運作具備了價值性內涵，因之雖於文字上有不盡清晰之處，其體系之完備周全，上合先秦儒學精神之處，則殆無疑議。由於張載人性論之發展乃上合於其宇宙論體系，故於說明其人性論之具體內容前，首當自天道與人事間之關係，加以探討，如此方得以接續其下所言之心性問題。

一、天道與人事之探討

關於「道」之一辭，由前章宇宙論中，已十分明顯地看出張載將之定義為大化流行之歷程，是以天道者，實指天理施行之整體歷程，亦即氣生物不已之運動及表現；至應用於人事，則具歷程義之天道非指事件（event）之積累，而是指超越個別事件之上，行事之規矩與規矩之所憑。張載首先自易之所立，明天道之得以被人理解，及應用於人事。其言曰：

> 易之爲書與天地準，易即天道，獨入於爻位繫之以辭者，此則歸於人事。蓋卦本天道，三陰三陽一升一降而變成八卦，錯綜爲六十四，分而有三百八十四爻也。因爻有吉凶動靜，故繫之以辭，存乎教誡，使人動則觀其變而玩其占，其出入以度，內外使知懼，又明於憂患與故。〔註1〕

八八六十四卦乃象天道之運行不已，其分而爲三百八十四爻者，則明各個不同階段變化之所現，人類體察天道運行，並因一己之利害，予變化以吉凶悔吝等價值判斷，繫之以辭者，即在於使人明變化間之關係，亦即吉凶之所出，並藉此驗之於行事，使人得以趨吉避凶，出入以度，是即其所謂之「歸於人事」。此段說明除解釋《周易》一書形成之目的外，亦顯示出張載對天道與人事之看法爲：天道乃可被理解者，是超越個別形器之上之形上規律，亦即可簡化爲卦爻間錯綜變化之律則者；至於人事，則爲觀察現實狀況，並予以吉凶等價值判之後，擇其善者以從事者。由此觀之，就天而言本無吉凶等價值定位，僅有應動之發展關係，吉凶者乃出於吾人之價值選擇，而趨吉避凶之行爲，則顯現了人事之具價值取向性意義。張載對於人事，亦即易〈繫辭〉具價值導向之看法，尚可由以下文句加以得知。

> 形而上者，得辭斯得象矣，故變化之理須存乎辭，言，所以顯變化也。……辭者，聖人之所重。〔註2〕

〈繫辭〉所彰顯之人事，是在於人類賦予天道變化以價值判斷之結果，是對變化之理，亦即宇宙生發之原理、原則，給予正面或負面之評價，故爲聖人所倚重。然而人事雖可超脫自對自然之理解，並進一步賦予價值定位，其之所以能被理解者，仍在於人本天地之一部分，其動靜思慮皆合天地脈動，故能察其變而得其理，不若西方哲人萊布尼茲（Leibniz）所言之單子（Monaden），

〔註1〕 《張載集》，〈橫渠易說・繫辭上〉，頁181～182。
〔註2〕 《張載集》，〈橫渠易說〉，頁198。

彼此間無所交往，乃靠先天之預定合諧（Harmonia Praestabilita）來維持天地運作之秩序性，將人類自由之定義，局限於個體之不受限於某一之必然性基礎上〔註3〕。於張載思想中，人類雖爲天地一員，生存於天地律動之中，受其律則之支配，然而卻能因天賦之靈秀，透過一心之運作，轉而體察宇宙大化之進程，於整體與個體之互動關係中，定位一己之存有意義，並進而擇其結果爲善者從之，提高自身之生命價值，間接的亦影響了天地推進內容，使天人間呈現一互動關係，不但爲人類自由之最高表現，亦爲眞善得以合一之內在基礎。是以張載有謂：

> 天良能本吾良能，故爲有我所喪爾。〔註4〕

天地生物、作物之大能，實存察於吾體，而表現出來者，則爲人類循理以行之能力，及其暗合天道運行，與宇宙大化整體爲一之處，惟人因有我之私，出於分別，自斷其與物物之關係，因而喪此生命良能。故張載結語，天人無須分立，無論天道或人謀，皆存於一體之中。其言曰：

> 天人不須強分，易言天道，則與人事一滾論之，若分別則只是薄乎云
>
> 爾。自然人謀合，蓋一體也，人謀之所經畫，亦莫非天理。〔註5〕

西方哲人欲說明人類自由意志之是否具存，千百年來爭論不已，非但旁及「本質」（Essence）與「存在」（Existence）孰先孰後之問題〔註6〕，亦爲道德之是否成立而煩惱不已。觀張載對天道與人事一體性之說明，非但不會流於宗教性意義，亦毋須喪失道德之當然性，反之，由於人能比配天能，故使人類之自由意志，得以得到最高之發展。是故張載謂之「存心養性以事天，盡人道則可以事天」〔註7〕，事天之行，實爲人類參與天道之最高表現。至於天道與人事之所以能互動之關鍵，亦即人類之所以能體天地生物之心之原因，則必須透過其對「性」之論述來加以說明。

〔註3〕參考鄔昆如所著之《西洋哲學史》，及羅素所著之《西方哲學史》中，討論來布尼茲之部分。

〔註4〕《張載集》，〈正蒙・誠明篇〉，頁112。

〔註5〕《張載集》，〈橫渠易說・繫辭下〉，頁232。

〔註6〕如亞里斯多德（Aristotle）於形上學（Metaphysics）一書中，潛能（Potency）與現實（Actuality）關係之討論，及其對本質（Essence）的定義，是皆以本質先於存在爲其論點。至存在主義（Existencism）出現，則出於對自由意志之肯定，界定存在須先於本質，如此人類的一切行爲方得以具備意義。參考鄔昆如所著之《存在主義》一書及 Aristotle 之 Metaphysics。

〔註7〕《張載集》，〈張子語錄上〉，頁311。

二、張載對性之定義

張載對於「性」之說明，是與天地生物、化育之歷程分不開的，其對「性」之說明約可分為三個階段：首先是從萬物之共同來源處加以探求；再者自人物殊異之角度來看待「性」之岐異；最後則透過反求之行為，彰顯人所秉持之「性」所具備之主體性自由。換言之，「性」之一義並非單指人物所具備之殊別之理，透過善反之要求，「性」又具備了得以完成道德要求之內在條件，亦即自由意志存有之確立，是故唯有透過「性」之確立，人方能於宇宙之中安身立命，實現自我之價值，同時藉助其價值選擇，亦使宇宙運轉不再限於單純之機遇，實在界之呈現亦非偶然之緣會，整個存有（Being）所顯現的，將為一有機運作之生命整體，生機處處，永不滅絕。首先自其秉受來源處探討之。張載曾謂：

> 不見易，則何以知天道，不知天道，則何以語性。〔註8〕

易者，乃聖人仰觀俯察所得之天地正理，是故知易則能知天道，知天道方可語性，捨天地存有歷程而言性，則無以窺性之真義。至此張載明言：

> 天道即性也，故知思人者，不可不知天，能知天斯能知人矣。〔註9〕

於此，性出自於萬物共同具有之整體歷程中，因此所呈現的，亦不外乎陰陽之升降、屈信，及其始物、作物之表現。然而對張載而言，光是明白人類自身與天地萬物共處於一個宇宙當中，秉受同一生命來源是不夠的，其所欲探求者，乃在於成就此一歷程之所以，及在現象背後所呈現之真相為何；換言之，張載對「性」之定義，是超越時空之外，天地所以能如此悠遠久長之原因。張載曾表示：「天謀謂性，人謀謂能」〔註10〕，謀者，規劃也，是指一種有目的，並對達成目的之方式有所選取之表現，乃一項能力。由其以天謀語性之方式，可以看出此中內容乃呼應宇宙論中所述，將天地運轉視為一具目的性之表現。是故當其以天謀謂性，預設目的之訂立於「性」之內涵中時，實亦即以性上合於太虛生生之目的。他曾表示：

> 由太虛，有天之名，由氣化，有道之名，合虛與氣，有性之名，合性與知覺，有心之名。〔註11〕

〔註8〕 《張載集》，〈橫渠易說・繫辭上〉，頁206。
〔註9〕 《張載集》，〈橫渠易說・說卦傳〉，頁234。
〔註10〕 《張載集》，〈橫渠易說・繫辭下〉，頁232。
〔註11〕 《張載集》，〈正蒙・太和篇〉，頁9。

性者，乃天地以生物為目的之落實，故於太虛之外，又加氣之一辭，以強調此目的性須於現實過程之中，彰顯其價值所在。故透過虛及氣所明之「性」呈現出來的，乃超出具體形器之上，生命循環不已之歷程，如欲言性，即當明形體之有限，並不足以苑圍「性」之具永恆性意義。張載表示：

> 聚亦吾體，散亦吾體，知死之不亡者，可與言性矣。〔註12〕

形體之存亡，乃氣之聚散爾，如能明聚散變化乃天地永恆之律動，雖有幽明之別，卻無有無之分，如此則可謂之「知性」矣。是以從性之角度言，所呈現者乃一永恆性之來源，是相對於變化生滅及時空之內者，張載謂此：

> 未嘗無之謂體，體之謂性。〔註13〕

性於人而言，是指其與萬物共同之來源，就此來源而言，則萬物雖有死生修夭，亦不過暫時之化形爾，於整個生命發展歷程中，僅為階段性之表現，並非結果。為說明此人物共同秉受之來源，張載復舉水之性質來加以形容。其言曰：

> 天性在人，正猶水性之在冰，凝釋雖異，為物一也；受光有小大昏明，其照納不二也。〔註14〕

人物之有分別，正猶水有凝釋之異，然就其為水而言，則為一也，因之就人物為天地氣運之一份子言，則萬物所秉受的，實為同一來源。天地者，吾之父母也，雖所生有人物之殊別，就父母而言，則人物皆來自於天地，是亦即張載所謂「性者萬物之一源，非有我之得私也。」〔註15〕所欲表現之精神。

第一節　性與命

一、天地之性與氣質之性

　　張載雖將「性」之定義追溯至萬物共同之源，卻並未因此忽略了於具體事實上，人物所具有之差異性，以及人與人間氣質、性格之不同。誠如前文宇宙論中探討變化一節處所言，張載以「化」說明「氣」於運動歷程中持續不已之表現，以「變」說明發展中具顯可見之事實，然由於缺乏一永恆性

〔註12〕《張載集》，〈正蒙・太和篇〉，頁7。
〔註13〕《張載集》，〈正蒙・誠明篇〉，頁21。
〔註14〕同註13，頁22。
〔註15〕同註13，頁21。

「理」之支持，因此「變」乃具有機遇性意義，具備了不確定性。若將此觀念應用於其人性論中，則人雖與萬物共同來自太虛本體，但在賦形過程中，由於二氣和異成一之方式並無一定模式可循，因此雖有幸成為人類，卻有秉受之不同，張載稱此差異性之來源為「氣質之性」。氣質之性雖因人類之各具特性而有所不同，但並非因此即悖於萬物所具共同之性，事實上凡人皆出自於太虛之氣運作，只因機遇之不同，故個體所獲之內容有所不同罷了。張載表示：

> 氣質猶人言性氣，氣有剛柔、緩速、清濁之氣也，質，才也。氣質是一物，若草木之生亦可言其質。〔註16〕

陰陽二氣運作因聚結方式不同，所呈現出之性質亦有所不同，人類與草木雖非同類，但就氣性來源，亦即二氣之運作而言，實無不同，僅於成就性質上有所差異罷了。然而張載認為，人物雖同具氣質之性，但由於人所秉受氣之清者為多，亦即氣之陽性部分、發散性質處為多，因此亦承受了其開發不已、生物接續之精神，具備了突破氣質所限之能力，能夠藉自身努力開發出上達天德之路徑。對於人類之所以特別靈秀，張載曾如此表示：

> 凡物莫不有是性，由通蔽開塞，所以有人物之別，由蔽有厚薄，故有智愚之別。塞者牢不可開，厚者可以開而開之也難，薄者開之也易，開則達於天道，與聖人一。〔註17〕

人物之分別，除生理構造之不同外，最主要在於秉受通蔽開塞能力上之有異。物由於受限於自身為較陰濁之氣所成，運動開發能力薄弱，因此無法開通與天地間之連繫，人則雖能開啟天人間之門戶，體天地生物之心，卻又因秉氣有厚薄之分，故有難易之分別。於此，張載不但確立了人性得以開發之立論，同時亦兼顧了於實行上，有個別狀況之不同。

由於確立了人類具備可以通達天德之秉賦，是故張載接著提出了「善反」之要求，要求於具體行為上，發揮此項天賦之異秉，開發天人間新的溝通模式。其言曰：

> 形而後有氣質之性，善反之，則天地之性存焉，故氣質之性，君子有弗性者焉。〔註18〕

〔註16〕 《張載集》，〈經學理窟·學大原上〉，頁281。
〔註17〕 《張載集》，〈性理拾遺〉，頁374。
〔註18〕 《張載集》，〈正蒙·誠明篇〉，頁23。

「氣質之性」是強調具形成物之後，所秉受之個體特殊性，但若人能回反天德，追溯至萬物共同來源，則人類所秉「天地之性」自可發揚出來。於此「善反」之「善」，具備了「濟成、成就」之意義，如《孟子》〈盡心篇〉「達則兼善天下，窮則獨善其身。」一段所言，有開發濟成之期許。張載以「善反」做為重新規劃人天間關係之工具，除了指出須回復至生命來源處加以追求外，更有著開創、成就，加以發揚實現之積極性意義於內。是故凡自詡為君子，致力於人格養成者，因善反之要求，乃可將「氣質之性」加以改善，不再受下沈、濁重之氣影響，而能開發出新的氣象，是即為「弗性」。張載這一段話中有數處值得加以注意：首先，由於人物共同秉受二氣運行以成，因此就來源處言，不論為人為物，皆具此天地之性，雖然在聚而為形之過程當中，因機遇之不同而各有所獲，顯現出個體之差別殊異，卻不可因此即謂彼此來源有所不同，是以張載所謂「善反」後之「天地之性」，於此並非單指生物過程中，萬物共同秉受之來源，而是強調人於「善反」過程當中，經由一己開發所領受之天地至理，因此已夾帶了人類客觀價值判斷於內，含有自身之體悟與選擇行為，此即人性自由之來源。此外，由於人雖有智愚之別，但仍不脫氣之運作與賦形，因此雖謂有氣質分別，其中實有其可變與不可變者，透過生命之開展，人類可以將氣質中某些部分加以改善，但仍有部分具不可變易性，是故張載雖於文句之中，對氣質之性有負面之評價，並以「君子有弗性焉」加以證之，但不可即理解為君子不具氣質之性，實因氣質之性中包括了成就物種之條件，如完全不具備之，則成形化物之前題即已消失，人亦不得存於時空之中，更遑論善反與不善反之問題。是故君子所弗性者，乃氣質之中可資變化者，此一部分由於具變化之可能性，因此可藉善反之動作加以改善，使之趨向價值所訂立方向加以發展。關於氣秉之具一定性與可變性者，可參考以下文句加以證之：

> 氣之不可變者，獨死生修夭而已。故論死生則曰「有命」，以其言氣也，語富貴則曰在天，以其言理也，此大德所以必受命，易簡理得，而成位乎其中也。〔註19〕

張載認為，人物之死生壽夭，乃氣質之性中不可變者，亦為較具客觀性之部分，此一部分因視「變」之機遇，亦即機率之左右，因此非人為可加以掌控者，張載謂此曰「命」。至於人類透過觀察天地運作所獲得之理，雖然因參雜

〔註19〕 同註18。

了一己之價值定位，而有富與貴之判斷，卻由於其源出自於天地，乃當然之正理，故謂之「在天」。凡大德者，因明有限之壽夭乃氣之不可變者，故受命如嚮，不因之而有悲喜憂懼，盡全力於價值追求，因此能位乎天德，成就最高理想人格。張載此說，實得先秦儒家孔孟精義。孔子雖生於亂世，知世之不可變，但因一己理想，仍堅持為所當為，故石門之晨門稱其「知其不可而為之者」〔註20〕；孟子亦遭逢亂世，但為所持之真理，不得不興其辯才，故曾嘆曰：「予豈好辯哉？予不得已也」〔註21〕，孔孟「知其不可而為之」之態度，正惟知命之無法掌握，但求價值之得以立而奮不顧身。

二、性與命之分別

張載對「天地之性」與「氣質之性」之分別，實顯示出其對人性中具備了價值取向之肯定。在人物進化過程當中，物種所致力者，乃單純地求取生存條件之得以滿足，以及生命之得以延續，因此只要能滿足延續生命之基本物質需求，則萬物與我無礙，不再求取任何發展。人類則不同，除了滿足物質所需外，更渴望精神上能獲取滿足，希冀能超越有限之形軀，達到永恆境域。是以有些人朝向宗教發展，有些人致力於科學，有些人則獻身於藝術，希望能藉著科學、宗教及藝術之洗禮，將有限之生命推展至真善美之永恆價值領域。至於張載，則從道德之角度，藉助天人間之一體共同性，激發出人類內在追求價值理想之要求，並透過涵養，達到突破形軀之限，與天地同步之高度自由，這一條透過理性獲取資訊，經過價值省思並有所選取，最後切實落於人事中之道路，實結合了真與善二者於內，兼具了理性與感性之要求。因此張載雖義無反顧的追求其所定位之最高價值——天地之性，卻又含蓄敦厚地包容了一切不可達致之因素，對於人類生命中不可變異之部分，有著深切的無奈與同情，而這一份同情即表現於其對於「性」與「命」之分野。他曾表示：

> 性通極於無，氣其一物爾，命稟同於性，遇乃適然焉。人一己百，
> 人十己千，然有不至，猶難語性，可以言氣；同行報異，猶難語命，
> 可以言遇。〔註22〕

〔註20〕 《論語》，〈憲問篇〉。
〔註21〕 《孟子》，〈滕文公下〉。
〔註22〕 《張載集》，〈正蒙・乾稱篇〉，頁64。

「性」對於張載而言，具有多重的意義，除具有外於時空、形器之超越性意義外，更具有發為氣用，顯於器物，開發實在界之必然性意義；至於「命」者，則雖與「性」一般，同樣秉受自天地自然，卻豁顯於機遇，是人力所無法決定者。於此無論言性或言命，都包含了客觀之形上原理，以及顯化於個別形器時主觀殊別之理。因此人物雖秉受自同一天地正理，但在追求價值顯立時所花費之工夫，卻有一、百及十、千，氣力上之分別，更甚者由於蔽塞之不同，雖有用百千倍於人之工夫，猶有不致通達者，對於這種情況，張載只能將之歸諸氣稟之不同，並不因此否認同受性於天地之公平性。同樣的，出自同一模式之行為，卻產生出不同果報之情況，亦只能歸諸氣遇之有異，而不得全然以「命」詮釋之。換言之，張載藉肯定「性」與「命」之具共同之理，化解了人與人間基於境遇分別所產生之不平等性。因此可以說，張載是將平等之基礎置於萬物之共同本源，卻由此推出人人具備開發、追求理想價值之潛能，雖不否認萬物生物來源之一致，然透過對自我之期許，捨現實世界之種種差異，將平等定位於人性之開發上，因此使得現實世界亦具備了走向更高理想之無限可能。是故，於其思想體系之中，平等之意義，並非指生物觀點下之平等，而是具備了高度開發性，是活動的、無可限量的。孔子曾謂「君子疾歿世而名不稱焉」，其實質內容即在於能跳脫出外在名利之追求，從而以內在德性之充足圓滿，足以聲譽鄉里，並進而能如「風行草偃」般地化成大眾，成就於當世為期許。這種以動態的追求，來達致生命之平等尊嚴，表現於張載思想體系之中，即落實於「性」「命」之深繫於宇宙律動之部分。張載因此發為議論曰：

> 性其總，合兩也；命其受，有則也，不極總之要，則不至受之分，
>
> 天所自不能自已者謂命，物所不能無感者謂性。〔註23〕

「性」是自全體大用之角度來加以闡釋者，是明陰陽、剛柔、上下之作用相合，亦即統發散、凝聚二大作用於一之大能；「命」則表承受天地生生之作用，表現為具體形器之過程，因此有其各別特殊性，具殊別之理。換個角度而言，命所呈現者，實為天地生物之必然性，而性則顯示出天地與物間之應動關係。雖然性者乃強調天地賦予萬物以生命，此一由上至下之關係，而命則強調萬物承受於天，此一由下至上之關係，然性命二者實不得完全加以區分，性之得以顯發，有待命之所立，命之得以立，亦待天性之下降。張載對

〔註23〕　《張載集》，〈正蒙・誠明篇〉，頁22。

性命之說明，於此已擺脫吉凶悔吝等價值判斷，純粹從理之角度來看待二者相即不離之關係，是以雖人事有其紛擾雜沓之一面，人物氣質有智愚賢不肖之分別，卻並不妨礙此一上下交通、性命相隨之正理，而公義亦不存在於現象界可見之差異，而在於天地生物不已之正理處，吾人所應致力者，即在於發揚此一天地至理，此即人性平等之基礎，亦為「善反」作為所彰顯之自由表現。張載謂之：

> 性於人無不善，繫其善反、不善反而已。過天地之化，不善反者也。命於人無不正，繫其順與不順而已，行險以徼倖，不順命者也。〔註24〕

生物乃天地至公至正之理，並不特別偏私於人，無所謂仁厚與否之評價，其之所以具備了價值取向，完全在於人類能體其生物之心，並加以發揚於實際生命中之故；而人之稟受雖然有異，但就承天地生生不已精神之落實而言，則人皆一致，無所謂正與不正之分別。張載將價值定位於人之具體行動之上，亦即放在意志自由之上，人可以善反、順命，亦可不善反、不順命，但擇其價值高者為之罷了，此即先秦儒家實踐精神之高度闡發，亦為孔子「朝聞道，夕死可矣。」〔註25〕背後精神之顯發。

三、性善之意義

雖然張載區分天地之性與氣質之性時，並未忽略人物來源，及其差異之所出，然而基於德性要求，致使其片面強調「善反」過程中所獲致德性成就之「性」，因此對於他來說，在未獲致此一至高、至善之「性」前，亦即在尚未確立何謂最終價值善之前，所謂善惡之標準乃相對的、暫時的、莫衷一是的，必待人之有心為善，在實行的過程中，漸次淘汰價值差者，最後善之永恆價值方得以確立。因此他指出：

> 性未成則善惡混，故亹亹而繼善者，斯為善矣。惡盡去，則善因以成，故舍曰善，而曰「成之者性也。」〔註26〕

正由於善之成就，在於對最高價值之追求，也可以說價值定位之完成，其中牽涉到了人為選擇與努力，故由此而獲致之成就——性之完成，乃透過個體開發所得，故張載舉《易》「繼之者善，成之者性。」一段，來說明善與性之

〔註24〕同註23。
〔註25〕《論語》，〈里仁篇〉。
〔註26〕《張載集》，〈正蒙・誠明篇〉，頁23。

完成，在於人爲之開發努力，故屬應然之理，而非必然之理，必待人類去加
以成就。張載對於性及善之定位，可以說圓融地解決了性之善惡問題。就現
實生活來看，由於時空的不同與文化的差異，人類對於善惡之具體內容有著
種種相異之見解，也可以說此時所謂之善惡，由於牽扯到人事，因此有了立
場，是故由其所產生之價值評斷乃片面的、相對的；然而繼善之心，欲成就
最高價值之意志，則能超越人世相對之善惡，納宇宙全體於其中，成爲一種
力量、一種動能，故爲絕對之表現。是故張載寧捨「善」之一辭，以易「成
之者」一語來說明此項上體天心，透過「善反」行動所獲致之「性」。換言之，
張載將孟子所謂「性善」之肯定，從根源、潛能之角度，又拉回孔子強調實
踐、化成之路徑上來，不但使「善」之所成更具備了積極性意義，亦不悖現
象界存在著相對善惡之事實，而這一條經由上求生命來源，有所體認之後，
又落實於實踐人生，影響生命發展內容之路徑，即藉氣之上下貫通、周流六
虛而得以說明。本文以爲，張載藉《周易》太極陰陽所形成之宇宙論，不但
解決了先秦儒家學說體系中所欠缺之形上體系，更使孔孟二者間之論述，結
合成爲更具說服力之完整體系。於此，孟子「性善」來源之問題不但得以進
一步得到安頓，孔子以禮釋義，於義中求仁之實踐路徑，亦得以與之結合，
使人性之善，產生了更具行動性，及具意志自由之價值。是故性善不僅爲一
應然之理，同時更是人類超越各種有形限制，求取無限自由之表現，而透過
此條路徑，人類之知與行亦得以並行而不悖。

　　爲說明「性」之無所偏私，以及人人皆得以求而致之之平等性，張載於
是以「盡性」來鼓勵人們，其言曰：

> 天所性者通極於道，氣之昏明不足以蔽之；天所命者通極於性，遇
> 之吉凶不足以戕之；不免乎蔽之戕之者，未之學也。性通乎氣之外，
> 命行乎氣之內，氣無內外，假有形而言爾。故思知人不可不知天，
> 盡其性然後能至於命。〔註27〕

所謂天性，其所強調者在於宇宙大化歷程之全體大用，因此雖氣有清濁、輕
重之分，卻不礙其內在之一致性；至於天命，則雖有個體之殊異，亦不掩其
順承於天之特質，因此雖有遇之難定，亦不足以吉凶略其與天之體用關係。
凡以氣之昏明、命之吉凶來論斷性與命者，乃是未曾學也。由此亦可見張載
欲泯現象界之種種差異，將人類存在之價值定位於理想追求上之用心。因此

〔註27〕　同註26，頁21。

張載接著表示，以氣之內外區分性之與命，乃方便言詮罷了，氣既無內外之異，則性命亦無形而上下之全然分別，此皆天與人乃一體不二故。是故欲知人事，必曉暢天理，人事之運作固不得脫序於天理，天理之彰顯亦待人爲之努力，「盡性」「至命」所揭示出之路徑，實即明天與人之一體及互動性，亦即「善反」所呈現出之積極性內容。

第二節　盡性與窮理

一、盡性之眞義

張載以爲，能「盡性」者，即在於能「善反」，人若能夠自覺回反天德，則足以知天地之以生物爲心，正是「天地之大德曰生，則以生物爲本者，乃天地之心也。……天地之心惟是生物，天地之大德曰生也。」〔註 28〕能知天地之心方足以擴充、推廣之，使之落實於人事，並進而影響宇宙之律動。是故惟盡性者，能擺脫形軀之有形桎梏，重見天地運作之整體性，明白有限之生命乃宇宙律動一環，其生滅表現，皆具有不可替代之價值，因此有限生命之形滅，並不代表其不再續存，而是轉化爲整體歷程中之一環，以另一種不同表現方式來繼續其存有。因之從變化角度來看，固有生滅之暫時性表現，就其影響與在整體中之關係而言，則任何一份子、一個環節，皆具備了永恆性。是以張載表示：

盡性然後知生無所得，死無所喪。〔註29〕

老莊由自然整體來審視人類形軀生命之價值，因此以保有現狀來否定人類一切外在努力，而著重於一己精神生命之發展，故而能將生死看淡，從認知角度來破解執著於形軀生命之態度〔註 30〕，張載則自人爲努力來奠定生命之價值，並消解短暫形軀生命之有限桎梏，從意志之自由，價值的追求與落實之中，將有限之生死，延伸至永恆之境域，故惟盡性，方能知生死之無關乎價

〔註28〕 《張載集》，〈橫渠易說‧經上復卦‧象傳釋〉，頁 113。
〔註29〕 《張載集》，〈正蒙‧誠明篇〉，頁 21。
〔註30〕 如《老子》「小國寡民」之政治主張，即反對社會組織之複雜化，而複雜往往代表著部分之增加，是故可以說，其乃反對藉人爲來改變社會現狀。至於《莊子》〈齊物論〉中莊生夢蝶之喻，則代表著形軀生命之變化，實存在於主體意識之中，若捨棄了主體認知之心，泯物我之界限，則莊生即蝶，蝶即莊生，其中只有化形之不同，並無主客之分界。

值，亦無所謂得喪之說。

張載雖以盡性爲強調永恆之註腳，但並未因此否定人類各有氣性之不同，及所達致之成就亦有所不同；換言之，價值之決定雖關乎群體之利益及目的，然對個人而言，則是在實際活動過程中，體驗到人類得以自主，並進而將有限能力發揮出最大作用之意義。他表示：

> 凡人剛柔、緩急，趨識無有同者，此「乾道變化，各正性命」也，
>
> 及盡性，則皆忘之。〔註31〕

人因所稟氣性之不同，其認知能力、意志方向亦有所不同，然這一切差異從天地化生萬物之角度來看，不過是受命有別所致，並無優劣之分，至於現象界中之價值評價，則是參雜了一己偏私而定，是從分別之角度與立場所訂之標準，因此是僵化的、無生機的，一旦人類能突破由此來評斷一切之態度，轉而追求宇宙全體生命運作之理，並進而奉行於實際生活之中，則由人物之別所造成之價值偏差，即能盡忘於同體一致之體認當中，是即張載所謂：

> 人之剛柔、緩急，有才與不才，氣之偏也。天本參和不偏，養其氣，
>
> 反之本而不偏，則盡性而天矣。〔註32〕

氣之偏頗，乃命之遇也，是機率問題，非關乎優劣，從天地生物之角度而言，是皆天地之子女，並無特別偏私之理。然而若欲泯人世間之種種差異，除此認知之外，仍須透過善反之自覺性努力，方能於實踐過程中，奠定萬物平等基礎。《老子》建議反樸歸眞，回至「無知無欲」之境，是認爲思慮之智往往會帶來過多慾望，而過多之比較則會帶來貪念，因此要聖人以「虛其心，實其腹，弱其智，強其骨」〔註33〕爲治，以滿足基本生存需求爲上限，此無非要人民安於無思無欲之境，於純樸、單純中求取秩序中之自由，及身心上之安頓。至於張載所彰顯之儒家精神這條路徑，則是在認清現世之各種殊別及有限當中，提供人類以更廣闊、更深奧之思想空間，給予人們更多之比較與選擇，由人自定其價值，選擇其發展方向，因此可以說是以自覺意識之啓發，來重新詮釋公義與平等之意義，給予個體以更多之自由。孔子曾謂「質勝文則野，文勝質則史，文質彬彬，然後君子。」〔註34〕張載「盡性」之提倡，實上求回返本質，下求人文張顯所致文質相勝之境。

〔註31〕 《張載集》，〈橫渠易說・說卦傳〉，頁 235。
〔註32〕 《張載集》，〈正蒙・誠明篇〉，頁 23。
〔註33〕 以上所引，出自《老子》，第四章〈道德經上〉。
〔註34〕 《論語》，〈雍也篇〉。

由於「盡性」工夫是以萬物全體做爲思慮之基礎，因此所明非僅人物各自殊別之性，尚洞曉個體於宇宙全體中之位置與分際，及各物種間相互之關係；換言之，亦即明瞭所有萬物間之關係並非獨立而不相涉，反之乃環環相扣，各自影響彼此之存有。是以張載又自「盡性」推出「盡人物之性」及「人物之命」之價值，不但從認知上體認出物我各具相異氣質之性，更能利用彼此間之關係網，使各自本性得到最大之發揮。其言曰：

> 盡其性，能盡人物之性，至於命者，亦能至人物之命，莫不性諸道，命諸天。我體物未嘗遺，物體我知其不遺也。至於命，然後能成己成物，不失其道。〔註35〕

能盡性，則能明「天道」之整體意義，明個體皆安住於其中，雖有相對之變化，卻無絕對之分別；能知命，則能明物皆須落實於形器，顯化於現象界，於「用」之中彰顯天地生物不已之意義。我之能體物，是因秉清明之氣而得以通塞去蔽，物之能體我，則是在凸顯人能利用厚生，藉一己之靈秀發揮萬物各自所長，並促其生命得以繼續延續。是故於「成己」之外，張載尚以「成物」來加以期許，以爲如此方能不失天道。雖然這整段話中，充滿著以「人」爲本位之精神，但由於「成物」之要求，避免了過渡以自我爲中心之傾向，故能成己而不害物，將《易》「開物成務」之積極性作爲，安放於宇宙生物之規律當中，使物我皆能各自發揮所長。於道家，由於所強調的乃萬物之靜觀自得，因此欲捨人爲之價值觀來看待萬物，而改以生命之自然延續爲萬物存在之最高價值，故《莊子》藉櫟社樹之口，喻匠石以利爲用思想之偏狹，以鵬鳥、斥鴳之喻〔註36〕，明適性之意義，與張載以「盡性」來強化在個體生命延續外，尚有全體生命此一更高價值之做法完全不同。故張載以爲，《老》《莊》重視具體生命之自然延續，並不求形軀生命內容之發展，轉而自精神上求取無礙之自由，實則與《告子》「以生爲性」，以既有之生命表現形態爲物種所以，二者立場並無不同，而此亦其所極力加以反對的。他表示：

〔註35〕《張載集》，〈正蒙·誠明篇〉，頁22。
〔註36〕《莊子》〈人間世〉中，以匠石之以櫟社樹之不材而不用，夜夢樹對之曰：「……予求無所可用久矣，幾死，今乃得之，爲予大用。使予也而有用，且得有此大也邪？且也若與予也皆物也，奈何哉其相物也？。」，喻其以一己之利偏狹的看待用之意義。〈逍遙遊〉篇中，莊子亦以鵬及斥鴳之不同，說明小大之辯、內外之分、榮辱之竟，皆出於分別，若能捨己、捨功、捨名之執著，自能適性而無礙。

以生爲性，既不通畫夜之道，且人與物等，故告子之妄不可不詆。
〔註37〕

因此可見張載雖明人物各具殊別之性，但以爲若不能體人之特別靈秀，並進而將此德澤披被於萬物，則人同萬物之存有一般，僅具順應之能力，反泯滅了人類開發、進取之天性，如此實戕害了人之本性，故不得不力抗「以生爲性」之見。至於張載於順適之外，特別強調人能「盡」人物之性之能力，其來源實不出秉陰陽二氣所成，具生物、成物之能力，故於順應環境，認同機遇所成之命外，亦具有發展、改造，創造更美好生命形態之能力，是以捨乾元之生能，僅言坤元所具順承之能，乃《告子》所見之偏爾。張載承《易》合陰陽之精神，重申其理念於人性論中，故能於肯定現象界種種之中，同時堅信天理、天道之不可忽視，並認爲二者乃一而二，二而一之表現。其論曰：

　　至靜無感，性之淵源，有識有知，物交之客感爾。客感與客形，無
　　感與無形，惟盡性者能一之。〔註38〕

一般來自現象界之思慮之知，由於皆靠審諸物象，度諸形器所獲，因此只能針對外感官所給予之資料加以整理，而這些能以離明得知者，由於是在天地「各正性命」活動之下，因機遇而得以成就，因此屬暫時之緣會，終將回歸天地，故張載以客感、客形來形容其機遇性及暫時性。相對於此者，則是那促使生命不斷發展，使存有歷程得以永恆不息之能量來源，此即無法以離明審之，乃具永恆性及絕對性之無感、無形者。然人若能超越有限之形體，體認到生命之本質即在於延續與發展，並切實加以施行，則能明白客感、客形與無感、無形，乃言詮上之分別，就大化推行於一而言，兩者實殊無二致。張載以形上之理內具於形下之器之見，來提昇人類生命內涵，其用心不可謂之不深。

二、窮理之眞義

　　雖然張載一再強調「盡性」舉措之中，人爲努力之意義與重要性，但正如同其要求「成己」之外，以「成物」爲其目標之用心般，他認爲一切行爲，仍不得違反天地以生生爲性之至理、公義，他表示：

　　神不可致思，存焉可也，化不可助長，順焉可也。存虛明，久至德，

〔註37〕《張載集》，〈正蒙・誠明篇〉，頁 22。
〔註38〕《張載集》，〈正蒙・太和篇〉，頁 7。

順變化，達時中，仁之至，義之盡也。知微知彰，不舍而繼其善，

然後可以成人性矣。〔註39〕

於此，「存」與「順」並非是一種消極順應之行為，反之，正如前文所言，其
行為表現乃經過「善反」具體努力後，所達致之價值選擇，換言之，此時之
「存、順」態度，是一種經過價值判斷後，配合天地神化作用，所產生之積
極性作為，故於「存」、「順」之中，可以得到「久」、「達」之效應，而此即
為仁、義之最高表現。至於張載以微、彰之「知」，做為「繼善」前題，又以
「繼善」為「成性」唯一方式，其目的亦在於說明其中所具之積極性意義。
由這一段話可以導出，張載在提出「盡性」要求同時，十分注重「知」性活
動之重要性，雖然此「知」涵蓋了形下與形上兩大範疇，但基本上他是以「知」
做為人性自覺意識啓發先決要件，也可以說，他視「知」為價值選擇前之必
要步驟，亦為人性自覺獲致之必要條件。由於對知之重視，張載因此推出「窮
理」之說，他表示：

知與致為道殊遠，盡性然後至於命，不可謂一，不窮理盡性，則是

戕賊，不可至於命。……既言窮理盡性，則不容有不知。〔註40〕

雖然由盡性、至命之過程中，可以達到合知行之結果，但張載卻認為這中間
並非一蹴可及，即時完成的，若無藉「窮理」而致「盡性」，則無「至命」可
能，換言之，知與致之合一，是透過窮理盡性之具體行為加以完成的。西哲
蘇格拉底（Socrates）十分關懷倫理方面問題，因此特別重視德行，他認為要
使一切人德行完美所必須具備的就是知識，換言之，於蘇氏，德性之完成乃
寓於知識之中〔註41〕。先儒孔子則表示：「知之者不如好之者，好之者不如樂
之者。」〔註42〕光是知乃不足的，還要欣喜於能加以實行，並且能於實行之
中充分感受到知與行之內在一致性，如此方能得到圓滿之樂的感受。蘇氏「知」
完成於「行」中之主張，可以說是從定義當中，亦即認知之中，確立知行合
一之基礎，換言之，是否定任何不能加以實行之知為知。至於孔子，則並不
否定認知之個別價值，而是以意志之要求、價值之定立，來完成其與行之關
係，「好」之與「樂」，即表現出以價值判斷為基礎，所獲致知行合一行為中，
自覺與自由之表現。張載以窮理盡性來完成知與致間之一致性，即表現出孔

〔註39〕 《張載集》，〈橫渠易說·繫辭傳上〉，頁188。
〔註40〕 《張載集》，〈橫渠易說·說卦傳〉，頁234。
〔註41〕 參考羅素所著之《西方哲學史》，第一篇第二章。
〔註42〕 《論語》，〈雍也篇〉。

子這種出於自覺之人文精神，因此他釋「樂則行之，憂則違之」以「主於求
吾志而已，無所求於外」(《正蒙·大易》)，而這一點，亦爲釋與儒不同之處。
他曾表示：

　　釋氏原無用，故不取理。彼以有爲無，吾儒以參爲性，故先窮理而
　　後盡性。〔註43〕

此處之「用」應指執著於現象界之存有，不論是執著於己或物，只要有所執，
則分別即已產生，釋氏對於存有乃採攀緣所生主張，認爲現象界一切，都是
暫時、偶有之緣會，並無永恆不變之定理，因此無需有所分別，亦無需執著，
對於張載而言，此舉無異否定眞理之價值，故其謂之「不取理」。然而事實上
釋氏並未全然否定眞理之價值，只是強調屬於認知範疇之眞理有限，因此要
人們捨棄對此一有限之知的依賴，與張載持人能上體天心，認爲就生物發展
言，人固內在於天地之中，然因「以參爲性」，特別靈秀，具去蔽之能力，因
此有可能完全了解天地正理，故得以循窮理之法，由下至上，漸次推行，自
能盡體天地之理，此一路徑乃有立場之不同。

　　張載雖強調以窮理達致盡性，以認知做爲人性自覺之前題，然對於「窮
理」一義，由其論述來看，則並非指窮究物理，或追求科學性認知之活動，
而只能泛泛的統稱爲進行一種歸納的行動。雖然他曾指出：「明庶物，察人
倫。庶物，庶事也，明庶物須要旁用；人倫，道之大原也。明察之言不甚
異，明庶物、察人倫，皆窮理也」〔註44〕，將庶物、人倫皆涵括於窮理之範
圍，但他亦曾於解釋《易》〈繫辭下傳〉「天地之道，貞觀者也；日月之道，
貞明者也；天下之動，貞夫一者也。」一段時表示：「貞觀貞明，是己以正
而明日月，觀天地也。多爲日月之明與天地之變化所眩惑，故必己以正道觀
之，能如是不越乎窮理。豈耳目所聞見，必從一德見其大源，至於盡處，則
可以不惑也」，言下之意，日月之道，亦必待能從一德，把握原則，擇其大要，
並捨耳目之可形，至其源頭、原理處，方可謂之窮理。孔子曾謂「學而不思，
則罔，思而不學，則殆」〔註45〕，張載窮理之意當指具價值反省意義之思考
性活動，而非徒然的追求外在現象界所呈現之表象，因此他又言：「盡天下之
物，且未須道窮理，又是人尋常據所聞，有拘管局殺心，便以此爲心，如此

〔註43〕　《張載集》，〈橫渠易說·說卦傳〉，頁234。
〔註44〕　《張載集》，〈張子語錄下〉，頁329。
〔註45〕　《論語》，〈爲政篇〉。

則耳目安能盡天下之物，盡耳目之才，如是而已。須知耳目外更有物，盡得物方去窮理。……」〔註46〕耳目之才所呈現的只是表象，乃個別的、有限的，至於窮理則是於盡物之後，亦即多方獲取表象之知後，所從事之直觀活動，因而透過直觀之後，所得之理將能超越經驗性之認知，愈益精簡、愈爲形上，此亦即其所言之：

> 窮理亦當有漸，見物多，窮理多，從此就約，盡人之性、盡物之性，天下之理無窮，立天理乃各有區處，窮理盡性，言性已是近人言也。既窮物理，又盡人性，然後能至於命。命則又就己而言之也。〔註47〕

在這段話中，「見」與「窮理」代表的是兩種不同的認知活動，「見」所表示的，即是外感官所呈現出之經驗性認知，乃當下的，未經整理的，而窮理則表示在接受經驗之知後所進行之直觀活動，能將不必要的、各別的抽離開來，呈現各種經驗間之共同性與各別性，此即窮理之後能「從此就約」之意義。因此雖天下之理無窮，但在歸納活動之下，自能發現天道各正性命之所以，掌握人物各別性之不同，此即對「立天理乃各有區處」之體認，而由此亦方能盡人之性、盡物之性，從認知活動轉進爲具體行動，此即「至命」之意也。由窮理而至盡性，其中所呈現出來的，乃追求知行合一之人爲努力，是人類自覺活動之充分發展，因此張載謂「言性已是近人言也」，又謂「命則又就己而言之也」，因爲只有人類能有此項自覺性之表現，雖由盡己之性，又至盡人物之性，其所行範圍已超越人類自身而至物種，然就行爲本身而言，皆爲人類對最高眞善合一價值追求之自覺性表現，亦即張載所謂「善反」及「天地之性」之內容。

第三節　張載對心之定義

一、心之內涵

張載透過對「性」之闡釋，將人類與自然間之關係再度結合了起來，並將道德基礎深植於此，因此避免了從社會規範之角度來看待道德時所產生之被動性意義，同時亦賦予道德以較高之價值性，使德性追求成爲結合理性與

〔註46〕《張載集》，〈張子語錄下〉，頁311。
〔註47〕《張載集》，〈橫渠易說・說卦傳〉，頁235。

感性要求之舉，亦爲追求眞善合一之具體表現。而透過「善反」與「盡性」之主張，則闡釋出人類所追求自由在於自覺性之啓發，而人性平等之基礎，亦出於此一立足點上。此外透過此項自覺活動，知與行亦方能充分的結合在一起，達到內在的一致性，而不再是單純的認知與意志的結合。然而雖則張載以「窮理」說明了「盡性」中之知性活動，又以「至命」表明了此項活動須落實於形器，但如何結合代表著知性與意志性此兩者，則須透過其對「心」之解釋來加以完成。張載曾明白表示：

　　心能盡性，「人能弘道」也，性不知檢其心，「非道弘人」也。〔註48〕

由這段話可以明顯的看出，心乃具備盡性之能者，是一個活動的官能，雖然在討論「性」時，張載賦予其以人類追求最高價值之大能，但此項能力僅屬當然，而非必然，要使此當然之理成爲必然，則必待具體實踐來加以完成，此即其賦予「心」之意義。因此「心」雖能成「盡性」之要求，其活動卻不必然受「性」之支配，換言之，心所代表的，並非純然執行之官能，而是具備了掌握自我行動之決定權者，因此雖能以天地之性爲其目標去加以完成，但同時亦可悖性而走向另一方向，可謂主宰知與行能否合一，自覺意識之是否得以啓發之關鍵。

　　正由於「心」是結合知、行，使窮理之後得以盡性之主要條件，因此它具備了溝通內外，結合形而上下之能力，張載曾指出：

　　合性與知覺，有心之名。〔註49〕

於此，「性」並非指人物殊別之氣質之性，而是能透過「善反」活動所獲得之「天地之性」，換言之，心具有能從事對形上之理認知之活動能力。除此之外，心尚具備了知覺能力，而此處所謂知覺，則當指透過經驗所產生之經驗性認知活動。由此可知，心同時具備了從事形上之理，與形下經驗性認知兩種能力。由張載此段話可明顯看出，他欲賦予心以合內外之能力，而正因心具感覺經驗之內容，而感覺經驗又具變化與不定性，是以若感覺經驗產生了偏差，則正如前文所言「性不知檢其心」，無法與性所具備之純粹之理相合，亦即不受其規範，如此產生之行爲則自有悖理、害義之可能，是故於性與知覺外，心尚具有是否合此二者之決定性能力，也可以說，心尚具有意志性，因此其所偏好者即決定了能獲得何種感覺經驗。易言之，意志乃決定感覺經驗內容

〔註48〕　《張載集》，〈正蒙·誠明篇〉，頁22。
〔註49〕　《張載集》，〈正蒙·太和篇〉，頁9。

之重要關鍵。是故張載曾以下面這段話，指出經驗認知內容與心所具意志性間之直接關係。

> 物怪，眾見之即是理也，神也。偏見之者，非病即僞。豈有有一物
> 有不見者，有見者，偏見者即病也，人心病，則耳目亦變。〔註50〕

在這一段話中，張載是以眾人之見來明理之普遍性與客觀性，並非以眾人意見爲理之內容，是故繼「理」而以「神」來加以形容之。正因爲「理」是客觀的、普遍的，因此能被眾人所理解接受，而凡有不能加以理解接受者，則謂之偏見，偏見之者，即在於其心不擇天理所出之處行其認知活動，因此由此所導之感覺經驗，便有所限制而無法獲得全面性之認知，此即「人心病，則耳目亦變」一語之意義。

中國哲學很早即注意到心官與感性經驗間之直接關係，《大學》第七章中即曾指出：「心不在焉，視而不見，聽而不聞，食而不知其味。」；《呂氏春秋》〈適心篇〉中則更進一步表示：「耳之情欲聲，心不樂，五音在前弗聽，目之情欲色，心弗樂，五色在前弗視，鼻之情欲芬香，心弗樂，芬香在前弗嗅，口之情欲滋味，心弗樂，五味在前弗食。欲之者，耳目口鼻也，樂之者，心也。」雖則耳目口鼻各有其不同特性，所獲得之經驗性質亦有所不同，但基本上皆具有普遍性，除非是有生理疾病，否則眾人所具大致相同，但若其心不能專注，則所得之感覺經驗即大打折扣，因此雖然五官無時無刻不在行其接受外在現象界所給予刺激之職責，然而眞正左右感覺經驗內容者，則在一心專注上，換言之，雖然外在現象界有其存在上之客觀性，但由於感性經驗容易因一心之是否能夠專注而生變化，是以透過外感官所得之認知便容易限於主觀，而透過這些主觀認知結果來限定心之作用範圍，則更是偏見之極，是以張載藉「象」與「心」間之關係，來說明「心」之內涵不可限於經驗性之認知作用。其言曰：

> 由象識心，徇象喪心。知象者心，存象之心，亦象而已，謂之心，
> 可乎？〔註51〕

心是認知象之官能，而此處所謂之「象」，乃是指氣作用不已落實於形器前之隱而未現階段，換言之仍是指現象界中之種種變化。由於心能知象，因此透過象吾人可明瞭心之作用形態，但若因之執著於現象界之經驗，以爲此即心

〔註50〕《張載集》，〈正蒙・乾稱篇〉，頁314。
〔註51〕《張載集》，〈正蒙・大心篇〉，頁24。

之全體大用，則無異以部分涵括全體，將使心之內涵無法彰顯。因此張載進一步指出：

> 有無一，合內外，此人心之所自來也。若聖人則不專以聞見爲心，
> 故能不專以聞見爲用。〔註52〕

正如前文言其合性與知覺一段般，「心」之作用乃是上達形上純粹之理，深究存有生發整體歷程，下明現象界之種種變化，瞭解理事必須相合，並進而由理來規範事之關鍵。因此張載並不排斥聞見，而只是指出正因心之不限於聞見，因此爲人之最高境界，亦在於能不以聞見、亦即經驗認知，來做爲行事之唯一標準。張載賦予心以「合內外、一有無」之雙重性意義，將心由孟子「惻隱之心、羞惡之心、辭讓之心、是非之心」〔註53〕等強化德性作用之中釋放出來，再度強調感覺經驗之重要，這種內外兼顧、上下合一之思考方式，固與其宇宙論相合，著重形而上下之一致性，以及理與事之體用關係，然究其所出，當與其〈易說〉中卦象、卦義二者並重之態度相合。他曾表示：「欲觀易先當玩辭，蓋所以說易象也。」又說：「易大象皆是實事，卦爻小象則容有寓意而已。」〔註54〕由此可見卦象中所呈現出之事象與意象乃深受張載之肯定，換言之，他對於得自於現象界之經驗是十分重視的。但他同時亦指出：「卦有稱名至小而與諸卦均齊者，各著其義也，蓋稱名小而取類大也。」〔註55〕對於卦象背後所呈現出之類別性意義，或謂之範疇性意義，亦表認同，並進一步捨卦象而以卦義來說明一卦之性質。如其釋蹇卦「初六，往蹇來譽。象曰：往蹇來譽，宜待也。」一段時，即解「宜待」之象以「蹇難之際，用心存公，無所偏係，故譽美可獲」，是以正義公理之得以施行來說明美譽之所由及必然，由一卦背後所昭示之人文精神，亦即善反所呈現之天地正理，爲一卦精神之所出。張載卦象、卦義並重之態度，說明了他對於形而下經驗界之認知，與形而上純粹之理之認知乃並重的，而表現於其人性論中，即以「心」來做爲結合二者之官能。

　　正因心結合了感覺經驗與純粹之理兩種認知活動，因此能超越聞見之知，亦即經驗性認知之有限性與變化性，獲得那無限、普遍、永恆之正理，

〔註52〕《張載集》，〈正蒙·乾坤篇〉，頁63。
〔註53〕《孟子》，〈盡心篇〉。
〔註54〕以上兩句分別出自《張載集》，〈橫渠易說·繫辭序〉，頁176；及〈謙卦大象〉，頁100。
〔註55〕《張載集》，〈橫渠易說·繫辭上〉。

並且出於自覺意識之主導，以此天地至理爲行事之規矩，賦予其以價值意義，此即所謂「德性之知」之產生。由「聞見之知」能上躍至「德性之知」中間之自覺性活動，張載即稱此爲「大心」。其言曰：

> 大其心，則能體天下之物，物有未體，則心爲有外。世人之心，止於聞見之狹，聖人盡性，不以見聞梏其心，其視天下無一物非我，孟子謂盡心則知性知天以此。天大無外，故有外之心，不足以合天心。見聞之知，乃物交而知，非德性所知，德性所知，不萌於見聞。〔註56〕

於此段話中，張載以「大心」爲體物我一體之條件，並以之爲德性之知前題，因此其所謂「德性所知，不萌於見聞」一語，本文以爲並非指聞見之知與德性之知間毫無關係，而是欲說明聞見之知與德性之知性質上之不同。聞見之知乃屬於單純的經驗性認知活動，是透過物我相接觸而產生的，是對現象界之認知，屬於知覺所得之結果；而德性之知則是必須透過自覺意識之啓發，並於價值選擇中完成者。換言之，前者乃關係到知識問題，後者則牽涉到價值定位，二者間之關係恰如窮理與盡性間之關係，雖有性質上之不同，但乃相輔相成的。因此張載指出：

> 耳目雖爲性累，然合內外之德，知其爲啓之要也。〔註57〕

獲致經驗之知之媒介——耳目者，雖然有限、多變，不足以說明天理之至大、至公，但於造就德性之知過程中，則爲起始基礎、入門之條件，張載欲藉大心之活動將道德與認知相結合之用心，於此可見。

二、心與意志之關係

雖然張載提出「大心」之主張，但如何使心得以擴大，亦即由聞見之知擴充至德性之知，則有待意志之作用。四書中之《大學》曾討論過治國之程序，其進程爲「格物、致知、誠意、正心、修身、齊家、治國、平天下」，其中格物、致知一段，於文中並無十分明確之說明，僅以「知本」，以求事物背後之理做爲知至之表現。至於誠意則釋之以「毋自欺也」，而由其「小人閒居爲不善，無所不至；見君子而后厭然揜其不善，而著其善。」一段可見，其所謂「毋自欺」者，乃指出人性追求善價值之本性乃不可抹滅的，而「誠

〔註56〕《張載集》，〈正蒙·大心篇〉，頁24。
〔註57〕同註56，頁25。

意」即在於正視此一內在需求。至於「正心」者，觀其「心有所忿懥，則不得其正。有所恐懼，則不得其正。有所好樂，則不得其正。有所憂慮，則不得其正。」一語，則心之官能固有喜怒憂懼等情感作用，但務求避免此類感性活動，以免因之遮蔽了求善之天性。《大學》「誠意」、「正心」之主張，其內涵實指價值自覺意識之覺醒，以及意志之確立，亦即張載所賦予「心」之雙重作用。是以張載指出，若無堅定之意志，則既或人本具備善反之潛能，具有追求價值善之天性，亦無法完成內外合一、有無一體之德性之知。其言曰：

> 如是心不能存，德虗牢固，操則存，捨則亡，道義無由得生。如地
> 之安靜不動，然後可以載物，生長以出萬物；若今學者之心出入無
> 時，記得時存，記不得時即休，如此則道義從何而生。〔註58〕

價值自覺之覺醒，若無堅定之意志予以堅持下去，則將猶如曇花一現，無法使既有之生命得以超脫，實現善反之精神，且亦將限於生命之有限，無法自價值選擇與完成之過程中，得到無上自由。孟子曾於〈盡心篇〉中指出：「盡其心者，知其性也。知其性，則知天矣。存其心，養其性，所以事天也。」孟子要盡心，是將仁義禮智之性根植於心視爲當然，因此要求「放心」，他曾指出「心之官則思，思則得之，不思則不得也。」換言之，心是客觀的掌管思慮之官能，而所謂的思慮又特別指對各種德性要求深植於一己之正視，因此他會說「心之所同然者何也，謂理也、義也。聖人先得我心之所同然耳。」〔註59〕心對於孟子而言，不但是德性自覺之中樞，同時亦是客觀之理所存之處，是以無需假以外求，只要盡心，完成此心之存在性意義，即可知行天理、仁義。至於張載，則由於將「性」之意義擴大爲透過善反所獲之結果，而善反又結合了窮理與盡性兩種不同性質之活動，是故「性」之於張載，便捨靜態之存有性意義，具備了活動性意義，是指對最高價值追求之整體歷程，至於心，則是這項德性自覺活動執行之官能，雖具備認知天理之能力，但並非價值之所出，是故張載只說「大其心」，並賦予心以意志所出，而將所欲闡揚發展之價值根源，放在「善反之性」之整體追求過程中。「盡心」與「盡性」之分別，說明了張載在追求德性之知過程中，更強調主體性自覺，正由於所欲盡者，乃透過反省、選擇後所確立之眞與善之價值，而此項眞善之價

〔註58〕《張載集》，〈經學理窟・氣質篇〉，頁 267。
〔註59〕此二段皆出自《孟子》，〈告子篇上〉。

值實現，又受《易》天地人三才合一思想之影響，乃涵括了天地宇宙，以整個存有歷程做爲其彰顯之舞台，是故較諸《孟子》〈盡心〉之說，更題示出人性自由、具備了內在抉擇能力之層面，而意志之重要性，亦較之於「求」放心之舉，有著更具決定性之意義。

《孟子》將「心」視爲德性所存處，故盡心在持志、養氣，養「配義與道」之氣〔註 60〕，持求放心之志，因此持志者，非心之作用。至於張載，則將意志視爲「心」結合形而上下，合有無於一之作用。他曾區分意、志二者之不同，認爲「成心者，意之謂與！」、「成心忘然後可進於道」，又說「蓋志意兩言，則志公而意私爾。」〔註 61〕意爲成見，而志爲對普遍、合理事物之追求。接著他又指出：

心既虛則公平，公平則是非較然易見，當爲不當爲之事自知。〔註 62〕

心虛者，乃求無所偏私，不預設立場之態度，能不懷成見，則自能於價值選擇之中，求取那最具理想性，獲取最大利益之一方。是故張載於釋隨卦初九「象曰：官有渝，從正吉也。出門交有功，不失也。」一段時，即表示「處隨之初，爲動之主，心無私係。故能動必擇義，善與人同也。」以無私之志做爲擇義、求普遍公理之前題。換言之，意志除代表一種堅持、一種力量外，尚具有選擇價值高者以求之活動性質於內。孔子曾以視、聽、言、動之合於禮，對顏淵說明「仁」之內容〔註 63〕，以行爲之合於矩度來詮釋仁之精神，而張載則表示「非禮勿言，非禮勿動，即是養心之術也。」〔註 64〕正因爲「禮」所彰顯的乃「義」之落實於人事，換言之，是經過道德判斷之後，選擇那合宜的、合理的，切近人類天性要求部分所發展出之規範，因此勿言、勿動之行爲，已擺脫了單純的對外在規範之服從，而是經過一己價值判斷，所選擇之動作，所呈現的，乃是透過意志所產生之力量，因此喻之以養心之術。張載雖承襲孟子「心之官則思」看法，賦予心以認知性意義，但由於將意志作用視爲心活動之一部分，並以之爲溝通聞見之知與德性之知之橋樑，故由此出發所闡釋之仁，較諸孟子之「仁者愛人」〔註 65〕，更能賦予孔

〔註 60〕 參考《孟子》，〈公孫丑篇〉。
〔註 61〕 此三句分別出於《張載集》，〈正蒙・大心篇〉，頁 25；及〈中正篇〉，頁 32。
〔註 62〕 《張載集》，〈經學理窟・學大原上〉，頁 280。
〔註 63〕 見《論語》，〈顏淵篇〉。
〔註 64〕 《張載集》，〈經學理窟・學大原下〉，頁 284。
〔註 65〕 《孟子》，〈離婁下〉。

子「夫仁者，己欲立而立人，己欲達而達人」〔註66〕一語以形上之基礎。

　　意志於張載學說之重要性，實即心能否發揮徹上、徹下活動之主要條件，因此張載對於意志之作用有如下之說明：

> 人必不能便無是心，須使思慮，但使常游心於義理之間，立本處以易簡為是，接物處以時中為是。易簡而天下之理得，時中則要博學素備。〔註67〕

於此，思慮非指認知性活動，而是一種價值判斷，亦是一種符合內在要求之活動，是以張載以「游」字釋其自然而無滯礙。至於義理，亦非限於人類一己偏見所得之價值規範，而是以易簡為本，以時中為用之原理、原則。張載以易簡、時中說明意志所定之方向，實凸顯出其所擇之義理，亦即價值，是與統天地運作之普遍原理相結合的，因此不得以平易、簡單來釋易簡，而當視之為永恆、普遍之形上原理。至於以時中為用，除說明了此項價值需落實於用，施行於形器外，亦強調了時間的重要性，換言之，即強調個體之發展須配合整個存有歷程，而非單純以一己之利為用，是以張載又言：「無成心者，時中而已矣。」〔註68〕易簡與時中，實說明了意志在運作之過程當中，上合形上之理，下求此理之能用於人事之性質。

三、心與情之關係

　　藉意志之說明，張載使形而上下之內在一致性，完成於心之作用中，繼之要處理的，便是如何透過上求易簡之理，下以時中為用之途徑，實際應用於人事。換言之，正如同前文所言，人類知與行之合一，必須透過價值自覺活動，方能達到內在之一致性，缺乏了行，所獲得之知即無法發揮其積極性意義，有悖人性精神自覺意義，是故在意志運作下，心除了能發揮其傾向價值性選擇之特性外，亦須將此價值落實於生活當中。為說明心具有此種擇善為用之能力，張載試透過心與情之關係來加以說明，他表示：

> 心，內也，其原在內時，則有形見，情則見於事也，故可得而名狀。〔註69〕

於此段話中，張載指出：心雖是內官，無法透過外感官加以獲知，但其與形

〔註66〕　《論語》，〈雍也篇〉。
〔註67〕　《張載集》，〈經學理窟・氣質篇〉，頁271。
〔註68〕　《張載集》，〈正蒙・大心篇〉，頁25。
〔註69〕　《張載集》，〈橫渠易說・復卦傳〉，頁113。

器則有內外之關係，換言之，心乃介於抽象與可以名狀之間。至於情，則表現於行事之中，必須透過事來獲知其內容，故可藉外在經驗加以測知。於此，張載乃藉內外之相對性關係，暗示心發用於外之必然性。繼之，他又指出性於情雖有表現方式之互異，實則具內在之一致性，是以於解釋《易》乾卦文言「乾元者，始而亨者也，利貞者，性情也。」一段時，他曾表示：

> 情盡在氣之外，其發見莫非性之自然，快利盡性，所以神也。情則是實事，喜怒哀樂之謂也，欲喜者如此喜之，欲怒者如此怒之，欲哀樂者如此樂之哀之，莫非性中發出實事也。

在此段話中，張載所謂之性並非指「天地之性」，而是指內在之根源，換言之，這段話所要強調的，乃情與性間所具有之內在一致性。然而接下來他又以「欲……如此……」來說明性與情間如何結合與運作，卻又暗示出性具有著規範性意義，並給與情以更大範圍，也就是具有不如此喜之、怒之、哀樂之可能。因此張載這一段話可以視為：性與情具有內在之一致性，二者間有著體與用之關係，然而性對於情所具備之規範性卻是屬於當然的，而非必然的，且正由於其非必然之特性，是以情之活動便產生善與惡兩種可能性。張載曾言：

> 孟子之言性情皆一也，亦觀其文勢如何。情未必為惡。哀樂喜怒發而皆中節謂之和，不中節則為惡。〔註70〕

惡者在於行為之不中節，亦即情之不受性之約束，因此產生出悖於價值體系之表現。就天地之性而言，它是純粹的、是最高、至終之價值，是一理想，因此無相對之惡與之對立，換言之，就因為透過善反所獲致之天地之性，是純粹形上之原理，不牽涉到實際運作，因此不受時空所限，乃普遍的、絕對的，故以善名之。然而透過情所顯發出之行為則因為牽涉到時空，乃具體可見的，具變化性的，因此表現出之善惡，亦為相對的。換言之，性所賦予之價值乃絕對的，但落實於不同時空中所形成之行為規範，則是有限的，可變的，因此透過此規範所行之判斷乃相對的。張載為區分此相對善與絕對善之不同，故以和替代了善，而以和之缺為惡。

張載藉性與情，說明了情可接受性之規範而產生出合於矩度之行為外，亦指出善與惡之相對關係，由善之缺乏來說明惡之產生，間接否定了荀子以來之性惡說，及揚雄之善惡混說，指出了人類之善惡，所牽涉的乃價值體系

〔註70〕《張載集》，〈張載語錄中〉，頁323。

之能否具體施行，是人類意志之是否能發揮其擇善以從之作用，是人類之德性自覺能否加以啓發之問題，因此乃相對的，非絕對的，是可以改變的。至於價值自覺活動本身之價值，則是永恆的、普遍的、及絕對的，此即善之眞義。因此透過易吉凶悔吝等表面性意義，人類所欲追求的並非暫時的順遂與否，而是一種價值判斷的表現，這一點可以透過張載對於小畜初九爻辭「復自道，何其咎，吉。」一段之解釋：「以理而升，進之於應也」，以理，以究竟所出爲選擇中看出。而於隨卦初九爻辭「官有渝，貞吉，出門交有功。」一段之解釋「言凡所治，務能變而任正，不膠柱也，處隨之初，爲動之主，心無私係，故能動必擇義。善與人同者也。」〔註71〕張載則進一步以一心之公平、無偏私爲基礎，以公理正義爲判斷所出，進而能變其行而導之於正。這一連串之活動，實已脫離了單純趨吉避凶之表現，進一步以人類之自覺爲基礎，從事透過意志所行之價值活動，而吉凶便成爲此項活動能否施行之判定，而非目的。

　　張載以情指出了善惡之本質，及其可見、可形之特色，繼之更以心做爲溝通之橋樑，使性情能趨向一致，由當然之內在一致，發展爲外在之必然一致。透過其弟子之記述，張載曾說過下列這麼一段話：

　　　　心統性情者也，有形則有體，有性則有悟，發於性則見於情，發於
　　　　情則見於色，以類而應也。〔註72〕

在這一段話中，張載明確的指出性情間內在一致、體用一源之關係，以及情必見於形色之特性，至於心則扮演著協調、溝通二者，使之由當然趨向必然之角色。是故朱子曾言：「統是主宰，如統百萬軍。」將心比喻爲統馭之官能，同時又指出：「性者理也。性是體，情是用，性情皆出於用，故心能統之，統如統兵之統，言有以主之也。」〔註73〕以性與情皆必出於用，此一內在一致性爲基礎，再配合以心之「有以主」，有所堅持，有所選擇，方得以合心性情於一。性情統一於心之觀點，正反應張載藉情使價值選擇由知過渡到行之用心，使知行合一由「天地之性」的確定其內在當然一致性，進一步成爲具體表現於形色之外在必然。

────────────

〔註71〕　《張載集》，〈橫渠易說・小畜卦〉，頁92；〈隨卦〉，頁103。
〔註72〕　《張載集》，〈性理拾遺〉，頁374。
〔註73〕　《張載集》，〈張子語錄・後錄下〉，頁339～340。

結　論

　　綜合張載有關人性論部分之論述，可以區分為下列幾個階段：其一：由氣質之性中，肯定人類承受宇宙自然之律動而成就之生命；繼之，以氣質之性所成就之生命之有限與不一中，反襯出人類另有善反之能力，及此種行動所能帶來之平等及自由性意義，其中窮理與盡性之說明，指出了善反過程中人類知行兼具之特質，而天地之性則彰顯出此項價值判斷之所出。最後，張載再透過心官之作用，指出透過意志之力量，不但能使人趨善避惡，更能使知與行完全加以統一，將人類與天地自然由主客分立之境域中，達到物我一體之結果，體現《易》合天地人三才之精神，以及參天地化育之期許。是故由此上知、下達之雙向過程，張載不但使德性根源得以植基於形上，亦豐富了其宇宙論系統，使之具備了價值哲學之導向，此乃其人性論所呈現之最大意義。

第三章　張載論涵養

　　張載對於人性之看法，除卻了「氣質之性」此一但憑機遇、無法選擇之部分外，最重要之觀念，即在於論述人類價值自覺啟發之可能，及其背後所彰顯之意義，因此雖然「善反」一語勾勒出價值定位乃在於以宇宙全體爲對象，而非以人類自我爲中心，然而透過其對「心」之定義，以及對意志取向問題之提出可以得知，其學說皆環繞著「盡性」此一觀念加以鋪陳。關於盡性，《中庸》一書中曾有如下之描述：

> 唯天下至誠爲能盡其性，能盡其性，則能盡人之性，能盡人之性，
> 則能盡物之性，能盡物之性，則可以贊天地之化育，可以贊天地之
> 化育，則可以與天地參矣。〔註1〕

此段指出了盡性乃贊天地化育，善繼人之志，善述人之事之首要條件，至於其背後之形上基礎，則寓於「誠」之一義當中。由張載自「盡性」而成己、成物之結論言，其受《中庸》一書之影嚮自不待言，然而由於其學說基礎乃建基於《易》，視乾、坤並主宇宙全體之運行，是以對於贊天地化育之作爲，多了一份自主、開發之精神於內；換言之，與天地參之努力，不再限於理想之追求，更有著人類掙脫「氣質」所限，追求獨立、自由精神完成之意義，而這份秉受乾元精義所呈現出之積極性力量，即表現於心性情一體之論述當中。是故張載人性論所討論之論題，可以「盡性」此一觀念加以概括，而接下來所要探討之涵養論，亦可謂接續此一觀念而加以論述。

〔註1〕 《中庸》第二十二章。

第一節　張載涵養論之內容與意義

張載對於涵養之看法，可以說是環繞著「大人」與「聖人」之完成來加以發揮的，雖然此二者所彰顯之路徑有所不同，然贊化之行動則皆寓於其內在脈絡之中；換言之，「大人」或「聖人」之養成，並非單純精神上修養之完成，而是必須先透過價值體系的確立，進而完成於具體行動之中的，可謂知行得以完成其內在性統一之實踐過程。是故無論是大人由形下著手所致力之「精義入神」，抑或聖德圓熟，能直觀至形上至理所達致之「窮神知化」，是皆以能用利、身安為其目的，而此二者雖有始出點之不同，其要則皆在於先求對最終價值脈絡之把握，再以之施諸物物，因此使行動具有了意義，而人事之發展亦可以擺脫自膚淺之趨吉避凶行為，轉而朝向義理性之追求，於是存在之意義、個體之價值方得於此確立。釋氏由於視存有如珠網之纏繞與互相蒂結，著重的是彼此在網絡間之關係，是故以圓融之存有觀取代相異之存在特質，因而個體之意義即不限於當下之存在〔註2〕，至於張載則秉儒家實踐之理念，透過《易》合天地人三才之精神，不但將個體與宇宙之律動相結合，完成人與存有歷程間之互動關係，更於涵養過程之中，確立了一己生命存在之意義。換言之，一己生命存在之意義，並非單純的從事於道德實踐工作，而是在實踐過程當中，展現出超越自我，參與大化運動之自主性，這種積極性精神，可以透過下列文句加以證知：

> 儒者則因明致誠，因誠至明，故天人合一，致學而可以成聖，得天
>
> 而未始遺人，易所謂不遺、不流、不過者也。〔註3〕

於此段話中，張載將「天人合一」之精義，寓於「至學成聖」、「得天而未始遺人」之追求當中，可以說與其對「天地之性」之認知乃相互呼應的。透過張載之形上學體系可以確知，天與人本為一體，相異的只是探討角度之不同，天所彰顯的乃宇宙生命得以推動發展之力量來源，人所彰顯的則為運動所生，非但天必待萬物來完成其目的，同樣的，人亦賴天來創發其生命。雖然此種體用一如之關係乃自然而然、不待思慮的，換言之，乃未經選擇、全憑

〔註2〕 參照隋朝杜順法師所著〈華嚴五教止觀〉一文中，對「因陀羅網」之說明，藉珠網之交錯、中涵，喻眾「法」之全體交徹，同時頓現，隨一圓融及全收彼此之特性，說明「相」之分判乃始自緣起，就「法」而言，則一切「相」皆由關係之集結而成，雖其質各殊，實則為一。《大藏經》第四十五冊，1867年。

〔註3〕 《張載集》，〈正蒙·乾坤篇〉，頁65；及〈橫渠易說·繫辭上〉，頁183。

機率運作的，然而此種限制卻能透過人為努力，透過涵養之完成，藉自身之體悟來參與自然運作，選擇更理想之生命形態。由「善反」而獲得對「天地之性」之掌握，再藉之以成己、成物，張載「天人合一」之期許，正顯示出其對踐行之重視，以及雖強調一己生命之價值，卻未因此捨全體不顧之特質，是故其自謂此舉乃《易》「不遺、不流、不過」精神之表現。中國現代哲學工作者傅統先曾於其所著之《哲學與人生》一書中指出：「自由就是我自己能夠把我自己的意志表現出來。自由就是自己能夠決定自己的一切。根據我們前面的討論，我們愈在廣大的社會關係中愈能夠表現自己，我們愈能夠克服環境的困難，我愈能有自我決定。我真正的意志乃是普遍意志。」〔註4〕若以此為自由之定義，則不論是否能夠成聖，在成就之過程當中，那種範圍天地，捨個人私利而成就大我之精神表現，不但呈現出最高度之精神自由，更因將個人短暫生命寓於全體生命網中，而使一己存在具備了永恆之價值。

　　雖然涵養實為價值之完成與自由之實踐，然而其過程則因先天習氣之不同，因此可自入德處區分為兩種不同方式，其一為由「明」至「誠」，其二為由「誠」至「明」，然無論孰先孰後，皆不遺對現象界之肯定，重視存在於存有歷程中之目的性。張載謂之曰：

> 苟志於學則可以勝其氣與習，此所以不偏害於明也。須知自誠明與
> 自明誠者有異，自誠明者，先盡性以至於窮理也，謂先自其性理會
> 來，以至窮理；自明誠者，先窮理以至於盡性也，謂先從學問理會，
> 以推達於天性也。〔註5〕

不論自明誠，抑或自誠明，其要皆為窮理與盡性之活動，而窮理與盡性所顯現出來的，則是人類透過力學，嘗試克服「氣質之性」與「積習」中之不善成份，亦即不合於理想，有礙於族群生命發展之部分，轉而追求「天人合一」目的完成之努力。因此雖然於〈西銘〉一文中，張載曾以宗法制度下彼此間之關係，來鋪陳「乾坤父母」及「同胞物與」之立論精神，然而真正得以完成此項精神者，仍在於「知化」、「窮神」背後所呈現出之「善述其事」，與「善繼其志」之表現。是故朱子注曰：「聖人知變化之道，則所行者無非天地之事矣。通神明之德，則所存者無非天地之心矣。」〔註6〕若無「知」與「通」之

〔註4〕傅統先，《哲學與人生》第五章，頁80。
〔註5〕《張載集》，〈張子語錄下〉，頁330。
〔註6〕《張子全書》，〈朱子注〉。

完成，則所行、所存將無法超越人之眼界，更無論納天地於一己胸臆。然而知與通之成就，雖因人有氣質之性不同，而有入手難易之差別，但皆爲經由有意識之追求，所完成之積極性作爲，而非自然天成，不待努力即可達致。自心理學角度言，此種有別於自然所賦予之生理衝動之價值成就，由於其濟成之對象已超越一己之滿足，改以宇宙全體之圓滿爲其目的，因此在過程上必須藉助知識的擴充，然後透過選擇與計劃，一步步去完成其目的〔註7〕，這種自覺意識之表現，張載即以「克己」明之。其言曰：

> 克己，下學上達交相養也，下學則必達，達則必上，蓋不行則終何
> 以成達？明則明矣，克己要當以義理戰退私己，蓋理乃天德，克己
> 者必有剛強健壯之德乃勝己。〔註8〕

於此，張載以上達之「達」，喻明必於實踐行動當中來完成其所學之內容，而此種寓知於行之表現，實亦即上達天德之內容。因此張載以「義理」所呈現之普遍價值，戰勝以個人利益爲前題之私欲，來闡述克己精神本質，亦從中指出下學之學，要在於能體認價值之有高低，從而透過價值判斷，拋開人我、物我之別，選擇能獲得更理想、具更大利益之普遍價值來加以完成。這種捨棄個人利益來成就群體之作爲，乃違背求一己形軀生命安逸之本來衝動，因此必須透過積極之努力來加以克服，而由於捨「氣質之性」中之不善，轉而以公理、正義爲己標的之作爲乃有異於常人，因此亦要有能不顧人之嘲弄，堅持到底之決心。是故張載繼之又言：

> 人所以不能行己者，於其所難者則惰，使異俗者雖易則羞縮。惟心
> 弘，則不顧人之非笑，所趨義理耳，視天下莫能移其道。〔註9〕

張載由於早年勉力行期喪之制，曾克服了內心恐人訕笑，及由擇善固執所引發之孤寂感〔註10〕，因此特別指出在奉行義理之過程中，必然會遭受到來自環境的阻力，及由內心所衍生出之種種困境，然而只要能堅持下去，這是一條合於天心之路徑。西哲蘇格拉底曾爲了證明一己之理念，捨棄了流放國外

〔註7〕 參考傅統先，《哲學與人生》第二章，對於人類如何超越生理衝動，漸次發展具德性要求之過程。

〔註8〕 《張載集》，〈橫渠易說・經下・大壯卦〉，頁130。

〔註9〕 同註8。

〔註10〕 張載於〈經學理窟・自道〉一文中曾言：「某始持期喪，恐人非笑，己亦自若羞恥，自後雖大功、小功亦服之，人亦以爲熟，己亦熟之。天下事，大患只是畏人非笑，……不知當生則生，當死則死，今日萬鍾，明日棄之，今日富貴，明日饑餓亦不恤，惟義所在。」頁291。

之選擇，安然飲下毒酒而赴死；孟子亦曾言：「生，亦我所欲也；義，亦我所欲也，二者不可得兼，捨生而取義者也。」〔註 11〕雖然取義之過程不必然要捨生，然而遭遇險阻乃必然之事，是以僅憑心之所往是不足以產生堅強之力量，亦無法應付迎面而來之困境的，此時透過認知，藉助學習，不但能使人擴大視野、意志堅貞，更能幫助自己解決問題，而此亦即張載所以能無視人之非己，能勇往直前之原因。

　　除以上之論述外，張載對於涵養之看法，尚可由其對「知幾」之立意當中加以獲知。《易》〈繫辭傳〉曾言：「夫易，聖人之所以極深而研幾也。唯深也，故能通天下之志；唯幾也，故能成天下之物。」文中乃以「知幾」做為開物成務之先決條件；換言之，亦即要能將理念落實於實際生活之中，並使之達到最圓滿之結果，則必須要能掌握變化之幾先，如此方能於未發之時採取最適宜之舉措加以應變，使結果呈現出預期之狀態，達到趨吉避凶之目的。是故乾卦九二「見龍在田」，〈文言〉謂之「時舍也」；蒙卦筮「亨」，乃以志應之得時中而致；豫卦之得「利建侯行師」，則在於能順動以時。三者皆顯示出「知幾」非單純順應因果自然律所得之預見，亦非根據宇宙有機發展之特性，發揮其能加以干預之力量。其所欲表彰者，無非有計劃改善結果之背後，順應天地運行次序，以人為力量配合天地客觀律動所呈現之積極性作為。也可以說，吉凶之認定並不在於對單獨事件與主體間利害關係之認定，而是對於能否順應天地或群體所能夠獲取之最大利益來加以行動，亦即能否以客觀的公義、正理為行動之法則所行之判斷。是故「見龍在田」之「時舍」，並非是消極的退縮，而是因知「天下文明」，故要能「善世而不伐」；蒙卦卦象雖險，卻因知「養正」，能以「果行育德」，故得以亨；至於豫卦，則在於知悉「天地以順動」之精神，並將之發揮於人事，故得以達到「刑罰清而民服」，亦即雖事半而功倍之最大效益。順此精義，張載以為「知幾」一義，並不限於對變化過程之洞悉及掌握，最重要的，仍是在於其背後所衍生之行動力量以及結果，換言之，必須在以全體利益為依歸之團體意志實踐當中，方得以呈現其意義。是故如果不能以善、亦即最高價值為行為之動機，則不可謂之「幾」，而涵養之目的，亦須在此一動機上加以培養，使心志所趨之方向，莫不以天地為心，如此方能捨一己之私意。其言曰：

　　　　觀其幾者，善之幾也，惡不可謂之幾。……苟要入德，必始於知

〔註11〕參考 Plato "Collected Dialagues" Phaedo 篇及《孟子》,〈告子篇上〉。

幾。〔註12〕

在倫理學中，「善」可以簡單的區分為動機善與結果善，由上面這一段文字可以得知，張載對於「知幾」之立意，即在於強調動機上之善，換言之，如果缺乏了良善之內在驅策力量，既便產生了善之結果，在價值上亦不如透過心志力量所得之效益高。在西方自然主義客觀論（Naturalistic Objectivism）者主張中，善可區分為第一義之善（The primary sense of good）與第二義之善（The secondary sense of good），第一義之善是指當然之行為，是在價值選擇當中，透過擇善而產生出之因應行動，是出於意志之結果，因此稱之為「內在之善」（Intrinsically good）；至於第二義的善，則是單純對行為結果或事件本身所下之評斷，是片面的判斷，並不考慮到事件先後之關係，及其於整體生命網中之意義，因此僅具有促使內在善完成之力量，是一間接善，是之為「工具性的善」（Instrumentally good）〔註13〕。內在善可以視為個人意志符合普遍意志之表現，而工具善則為對行為結果，亦即事件本身之評價。張載知幾之論，實為對第一善之要求。因此雖則其以善之幾來說明動機之要，卻並非罔顧行為結果之善，而僅求出發點之趨向於義理；反之，正由於其立意乃行天地生生之大德，是故雖強調心念之善，實則寓價值追求整體過程於其中，唯其如此，追求價值完成之活動方能永不輟序，而善之內涵亦方具備永恆之特質。由此亦可理解，孔子雖曾因季氏僭用天子之禮樂，發而喟嘆曰：「人而不仁，如禮何？人而不仁，如樂何？」（《論語》，〈八佾篇〉）然其所憂心者，並非表面體制上之紊亂，而是體制背後所表彰之正理，亦即求取全體最大利益之目的被忽視與破壞。張載曾對「幾」字下了一個定義：「幾者，象見而未形也，形則涉乎明，不待神而後知也。」〔註14〕因有變化產生，因此得以有「象」，又因「象」乃由無形過渡至有形之重要關鍵，因此其中具有機遇之特性，而知幾者，即在於明白如何有目的運用此一階段，使未見之形能朝向符合普遍利益之目標加以發展。季氏之僭越，實亦因掌握了時代紛亂之條件，因此欲藉此而有所圖謀，遂成其個人之私欲，而亦唯有如孔子般明心者，方能於其企圖未完成之前，因其舉措而預見後果之不善，知幾之可行善惡，於此判然立明，是亦張載特別強調「知幾者必出於善，凡惡者，實不可謂之幾也」之

〔註12〕《張載集》，〈橫渠易說‧繫辭下〉，頁222。
〔註13〕參考孫振青所著《哲學概論》，第六章〈自然主義客觀論〉。
〔註14〕《張載集》，〈正蒙‧神化篇〉，頁18。

原因。

　　由於知幾是在於內在善之完成，因此在發展過程當中，雖無法於每個階段都得到圓滿之結果，其善之完成仍須驗於最後目的之是否能夠落實。因此商湯革命雖於體制上屬於叛亂之作為，但由於結果帶給人民更安定康樂之生活，是故雖於政權轉移過程中，有流血此一不善事件之發生，孟子仍加以稱許曰：「聞誅一夫紂矣，未聞弒君也。」（《孟子》，〈梁惠王篇〉）然而若無事後之民生樂利，反之卻造成國內政局之紛亂，相信既便有商湯之善才，亦無法成就歷史上之美名。是故張載接著說明，知幾除在於以善為先外，亦在於其後落實於民用，使人人得以安身立命之必然結果。其言曰：

> 易簡理得則知幾，知幾然後經可正。天下達道五，其生民之大經乎。經正則道前定。事豫立，不疑其所行，利用安身之要莫先焉。〔註15〕

於此段話中，張載預設了知幾之先決條件，即「易簡理得」此一宇宙運作原理之獲得，唯其如此，再輔以善舉，順應天地發展以求取大利之大原則方可確立。是故，此一原則必須乃普遍的、恆久適用的，且以生民為其目的，如此方能通行於天下，張載即稱之為「天下達道五」。於此，本文以為此處所謂五大原則，當即聖人所立仁義禮智信五大基本道德規範，因為既言道德，即必須施行於人群之中方顯其真義，因此可以說這些規範是為求取人群之最大福祉所立，而此正合張載生民之大原則。由此再次證明，張載是以「知幾」預設了求取最大福祉之行為，因此他接著說「事豫立」，事皆順此大經而行，此皆因用利身安之結果乃最終目的。正因知幾之精神實包含了達致民生樂利，使全民獲得最大福祉之追求歷程，因此張載曾不止一次的指出知幾之後行動之迫切性。如於〈正蒙‧至當〉篇中，其即藉乾元之進取言：「將致用者，幾不可緩，思進德者，徙義必精；此君子所以立多凶多懼之地。乾乾德業，不少懈於趨時也。」既已知幾，明目的所在及行動之適當時機，故不可緩之，不可輕忽，當戒慎謹懼立即行之。又如其於〈繫辭下傳〉中曾指出：「君子既知幾，則隨有所處，不可過矣，豈俟終日？……夫幾則吉凶皆見，特言吉者，不作則已，作則所求向乎吉。」亦表達出知幾行為背後，以生民為心，戮力以赴之積極性精神。

　　無論是透過「大人」、「聖人」或「知幾」之論述，張載所欲表達者，無

〔註15〕《張載集》，〈正蒙‧至當篇〉，頁266。

非是說明涵養之內容絕非單純的求取精神上之自由，而是必須以「知」為前導，以「善」為目的，致力於「生民」之整體歷程，雖則所謂「知」之獲得有「因誠而明」或「因明而誠」之異，然而皆不忽視理性所呈現出之力量。道家以解除思慮之藩籬為爭取精神自由之方式，張載則以克服不可免之私欲，透過價值判斷，將自我意志之實現，完成於群體普遍意志之中，來彰顯精神自由之真義。是故張載整個涵養論，仍為接續其心性論中所討論之「人類如何透過價值自覺來完成其自我之意義，以及在完成過程中所呈現出之自由精神」之論題。《易》〈繫辭〉曰：「一陰一陽之謂道，繼之者善也，成之者性也。」張載之涵養論正由於不捨天地之大義，是以不但於其中完成自我，成盡性之舉，亦為最高價值善之表現，此亦即其最終目的之所在。

第二節　論變化氣質之義

　　前文已言，正由於人同萬物一般皆秉受自天地，而為成物類所以，故有氣質之性之分別，是以就物種而言，氣質之性有其不可變易之部分，如人性中趨善避惡、要求知欲並諧、及呈現出意志性表現之特性，此亦人之有別於他物之處。然而正由於此異於他物之普遍特性，容易被個人各別氣質之性中不善之成份所掩蓋住，因此並非必然能加以呈現出來，是故張載有「善反於天地之性」之期許，亦即要人們藉助自身之意志，去克服氣質中不善之成份，將潛存之能力加以發揮，成就人之所以為人之特質。張載曾表示：

　　　　人之氣質美惡，與貴賤壽夭之理，皆是所受定分，如氣質惡者，學
　　　　即能移。今人所以多為氣所使而不得為賢者，蓋為不知學。〔註16〕

於此段話中，張載所論似有不妥之處。首先，氣質美惡既與貴賤壽夭之理同為所受定分，亦即但憑機遇不可決定之部分，又何以氣質惡者可加以移之？再者，文末所指賢者，又似乎只要能學，能克服氣之障蔽，即可以達致，此又與其論氣有厚薄之分，人有智愚之別立論稍有出入。是故於理解此段話時，斷不能就其文字表面意義加以附會，而應配合其人性論之內容予以探求。首先自氣質之是否能移加以解說。

　　張載於人性論中曾指出，「天地之性」之意義，並不在於人物共同秉受於「太虛」此點之上，而是在於人能透過一己之努力，在致力於價值追求之過

〔註16〕《張載集》，〈經學理窟・氣質篇〉，頁 266。

程中，使自我得以開發、呈現出自由氣象之部分，而此一能行之力量，又為秉受自天地乾元之氣為多，因此亦可謂於天地成物賦形之過程當中，受機率左右，所成就之較優於其它物種之特性；換言之，「天地之性」之完成，必須落實於具體行動之中，而就具此潛能而言，則仍蘊於氣質之性當中。據此論點，氣質雖有美惡之別，但不礙具此潛能之當然性，而致學所以能移者，實在於透過學習之力量，激發出此一潛能，使人之所以為人之特性得以開發出來，成就存在之特殊意義，而並非在於將氣質惡者加以去除。張載不以善惡言氣性，而以美惡言之，即在於善惡乃牽涉到價值判斷，乃透過人為選擇所做之分別，而美惡則在於形容潛能開發之難易，並不具價值判斷之成份於內，故不因此否定了人皆具此項能力。誠如孔子之高弟顏淵，其德性乃最為孔子所稱道，然而亦不過「其心三月不違仁」（《論語》，〈雍也篇〉）而已，由此可見，涵養並不在於一時之成就即可完成最終之善，而是無時不已之努力過程，而張載移氣之說，亦不在於徹底改變原有之氣性，而在強調以積極性之作為，來克服氣性中有礙於善之成就的部分，至此亦方足以說明為何人雖有智愚之別，卻皆可藉學而致賢者，其原因即在於人本具此能，只要不棄此良能，努力加以開發，不論成果如何皆為善舉。孔子曾稱許顏回曰：「賢哉！回也。一簞食，一瓢飲，在陋巷，人不堪其憂；回也不改其樂。賢哉！回也。」（《論語》，〈雍也篇〉）其中簞食、瓢飲並無法成就任何功業，亦即無法於人群中完成任何目的，但孔子仍因其不改其樂而稱之為賢，由是可知，只要能意志堅持，並往之而不疑，自能稱之為賢，而此舉則是人人可以完成的，是以張載以為不能者不在於不具此能，而在於不知學也。

一、虛心與弘心之義

既然變化氣質之義，目的要在於激發人類獨立自覺之能力，使能以自覺意識，征服氣質之性中具顯於外之不善成份，是以首要之務當在廓清其心，使心中一切屬於紛雜之「情」部分加以沈澱，擺脫了這些屬於個人特質之部分後，亦即捨棄了這些屬於私意之欲求，如此方得以擴大視野，看到人與天地間之關係，看到人與群體間之關係，並進而以此做為建立價值系統之基石。是故張載指出：「故學者先須變化氣質，變化氣質與虛心相表裏。」又言：「虛心然後能盡心。」、「虛心則無外以為累。」〔註17〕於此，虛心之意非指不自

───────────

〔註17〕以上三段文字，分別出自《張載集》，〈經學理窟‧義理篇〉，頁274；及〈張

滿之謙虛，而是一種表達自主性之釐清工作，乃積極的將心之作用加以澄清，並明瞭心性情三者一體之關係，以及求取三者最和諧表現方式之作用，故張載繼之又言「虛則至一」，惟其爲虛，方能求取全體內在之和諧。

觀釋氏基本教義之中，有「苦、集、滅、道」四真諦之說，其中強調人生諸般皆苦，有所謂生、老、病、死、愛別離、怨憎會、求不得、五蘊熾盛等八苦相隨，而苦之產生則在於有執，有我執、法執、有各種的執著，其因皆在於不明生命之產生乃因緣所會，是以如欲離苦，即當捨棄執著，如此方能登喜樂之境。以上說法姑且不論其論證是否得當，然而其欲藉理性認知以捨「情」之作用，則爲可資確定者。人類之心靈活動本即情理相雜之結果，除卻了對純粹形式加以窮索之理性要求外，人類亦有追求善之天性，此一價值取向之天性，即出於情之要求，因此欲以理性全然取代感性之情，無疑是抹煞人類天性。是以張載以「虛心」來求取全體關係得以諧調之要求，除立基於其心性論中「心統性情」之立論外，亦較符合人類情理並行之天性。方東美先生曾言：「哲學意境內有勝情，無情者止於哲學法門之外，哲學意境中含至理，違理者逗於哲學法門之前，兩俱不入。」（《哲學三慧》，〈生生之德〉）張載之說實可爲之佐證。

爲說明涵養過程中「心」所呈現之力量，張載繼「虛心」之後，又有「心弘」之說。他表示：

> 求養之道，心只求是而已。蓋心弘則是，不弘則不是，心大則百物皆通，心小則百物皆病。悟後心常弘，觸理皆在吾術內，睹一物又敲點著此心，臨一事又記念著此心，常不爲所牽引得去。[註18]

所謂「心弘」者，乃「求是」之行動表現，既言「是」而不言「善」，則是與不是所彰顯的，即無非對「事」之價值評斷，因此是段文字所強調的，是在於能藉心之統合情理，將其驗之於事，因而心之小大自能左右對百物之認知。心大則無我之私，故能捨棄分別，以平等心來看待世界，自然情理兼備、行事合宜，不會發生利益衝突；心小則常懷私欲，處處以私情爲重，自生悖理忘義之舉，以個人利益來分別物物，故百物皆病。通之與病並非物之天性，皆因人心分別所生，因此張載以不斷「敲點著此心、記念著此心」，來說明心弘之意義不外乎自覺之醒發，是要人在睹物、臨事時，皆能把握住求取情理

子語錄〉，頁 269。

〔註18〕 《張載集》，〈經學理窟・氣質篇〉，頁 269。

諧調之原則，如此則自能行事皆是而無誤。

二、禮之本源與表現形式

　　心之得以弘大，乃人類自主之表現，因能克制受限於氣質所致之不善，故更具備自由之精神，然而表現於外在行事時，則絕非脫序之行為，反之，其行止坐臥必然合於禮數，進退得宜。雖然於禮教形成過程中，其內容多因風俗之異而有所不同，然就其意義而言，則皆不外乎建立一套行為模式，使人與人之間能藉助此一溝通管道，維持良好之雙向關係，並進而促進社會和諧，求取群體之最大利益，因而禮之外在形式雖展現為行為規範，其內在目的則仍在於求取普遍意志之完成。張載曾表示：「禮即天地之德也」〔註19〕，人之能自覺的行禮如儀，其行為表現並未喪失一己意志，反之乃透過價值判斷，將一己意志完成於普遍意志中之表現，是為自由真諦。孔子「游於藝」之期許，莊子「庖丁解牛」之喻，皆為是種精神之彰顯。是以張載認為，在涵養過程之中，若能自發的使行止合於禮數，則自能心和而氣正，達到心之得以弘大之目的。他曾藉孟子之論述指出：

> 孟子曰：「居移氣，養移體，況天下之廣居者乎！」居仁由義，自然心和而體正。更要約時，但拂去舊日所為，使動作皆中禮，則氣質自然全好。禮曰「心廣體胖」，心既弘大，則自然舒泰而樂也。若心但能弘大，不謹敬則不立；若但能謹敬而心不弘大，則入於隘，須寬而敬。大抵有諸中者，必形諸外，故君子心和則氣和，心正則氣正。〔註20〕

荀子因主張性惡，強調人有各種私欲之不善，而所謂善者乃偽也，因此欲藉師法之化來端正人心；孟子則雖主性善，從人之內在說明了向善之可能，然而不但不否認師法之化之功，更進一步從心理學角度，來說明外在環境對內在人格養成之影響。《孟子》〈盡心篇〉中即曾描述孟子自范至齊時，因見齊王之子氣度恢宏，於是感嘆此子雖物質生活與人無異，但因環境使然，故氣質有異之事蹟〔註21〕張載承此精義，亦以為動作中禮，自能變化氣質，然而

〔註19〕《張載集》，〈經學理窟・禮樂篇〉，頁264。
〔註20〕同註19，頁265。
〔註21〕其原文如下：「孟子自范之齊，望見齊王之子，喟然嘆曰：居移氣，養移體，大哉居乎，非夫盡人之子與？孟子曰：王子宮室車馬衣服多與人同，而王子若彼者，其居使之然也。況居天下之廣居者乎？魯君之宋，呼於垤澤之門，守者曰，此非吾君也，何其聲之似我君也，此無他，居相似也。」

他亦強調所謂之中禮，並非僅是外在行為之符合矩度，更重要的，乃是對禮背後所具仁與義等德目之肯定與認同，因此他說「不謹敬則不立」，又說「有諸中必形諸外」。

　　勞思光先生曾於其所著之《中國哲學史》中，以「攝禮於義、攝義於仁」來說明孔子學說之梗概，關於禮，張載可謂承襲了此一精神，將禮由外鑠工具，提升至形上之價值領域，他曾表示：

> 禮所以持性，蓋本出於性，持性，反本也。凡未成性，須禮以持之，
> 能守禮已不畔道矣。〔註22〕

此段話中所言之「性」，非指自然運作下之「天地之性」或「氣質之性」，而是最終之價值體系，故須於「持性」之中，方能顯現出禮背後求取價值完成之意義。至於「反本」之意，亦在於回返至價值本源，而此一反本能力，又是天地所賦予人之大能，是大化歷程中之一部分，因此能守禮、反本即不畔道。為說明禮於涵養過程中兼顧表現形式與實質之雙重意義，張載不憚其煩的再藉「心」來明此二種性質之一體性。他曾指出：

> 蓋禮之源在心，禮者，聖人之成法也，除了理，天下更無道矣。
> 〔註23〕

諸般價值之根源，雖為植基於天地，而非來自於人，然而價值體系之認知與建立，則須成就於人。換言之，雖然於生物學上亦不乏有動物或昆蟲，以群體之利益發展出特殊之生存模式，如蟻與蜂之生活方式，然而這些舉措雖有著求生存之意義，卻為僅憑生理衝動所表現之行為，並不具思慮，亦即理性判斷之性質，同時亦缺乏感性之要求，因此乃制約的，而非自主的。至於人類則因有特殊之感性與理性要求，又具備統合二者之能力，因此能透過理性之事實性認知運作，來省視所賴以生存之環境，明瞭人必須生存於實在界之中、群體之中，並建立出一套以全體生命得以延續發展為前題之價值網絡，將個體之生存與表現，寓於全體之共同利益當中，然後再依感性之要求，將此價值體系植基於生活，並且奉行如儀。這種透過理性與感性結合所產生之結果，即是禮之形式，而禮之所以得由天地運行之道，轉為具體之形下規律，則完全藉助心之作用，是以張載言其源在於心，並非指其存在本源，而是指其成就為外在具體形式之來源，故其後以「聖人之成法」明之，其意即

〔註22〕《張載集》，〈經學理窟・禮樂篇〉，頁264。
〔註23〕同註22。

在於此。禮之兼統形上、形下之特性，除以上之論述外，尚可由下段文字中加以得證：

> 蓋禮者理也，須是學窮理，禮則所以行其義，知理則能制禮，然則禮出於理之後。〔註24〕

理乃指客觀的、普遍的純粹形式，對於此種形上之認知並非必然，因此必須透過學習，再藉助直觀，由抽離自外在之各種表象來加以獲得，此即窮理；而禮表現於規矩之中，則是對純粹形上之理之踐行，此即行義。正因理出於自然，而禮出於思慮後之踐行，因此不論就論理次序或文化發展次序而言，禮皆出於理之後。然而張載對於「理」之界定，並非特指物物殊別之性理，而是偏重於對普遍之理的指稱，因此雖然其亦不否認物各有其物種所以之理，但僅以氣質之性加以帶過，並未多有著墨，此亦即張載會說出：「理不在人皆在物。人但物中之一物耳，如此觀之方均，故人有見一物而悟者，有終身而悟者。」〔註25〕見一物而悟與終身而悟，其過程雖異，所得卻同，其因即在於此理不但客觀，而且是普遍的，非具存於一物，而是物物皆具。

綜觀張載對變化氣質所做之論述，其本意非在於將氣質之性中所有不善之成份加以去除，而是要透過涵養之力量，使不善之成分能受到克制而不顯發，故其謂之克己。而為了說明涵養之內容，張載復以心之統合情理，來解釋禮之根源以及落實於形式之必然性，並藉禮納個人意志於普遍意志內之特性，導人類行為之合於價值體系，使涵養之過程能更加順暢。由禮之特殊性觀之，張載所謂之變化氣質，應針對經由環境所感染之外在習氣所論，因氣質所決定者，固有才情、性格之不同，然而這些性質並不牽扯到善惡、是非等價值問題。至於善惡、是非等價值判斷，則是基於個體與群體間關係之運作所產生的，是對行動目的與行為結果所做之評斷，而群我關係之認知與對行為目的及結果之預設，則是限於後天習氣而有不同之選擇，是故張載以氣質之性來說明可資變化之對象，是為文字之使用不當，不可與氣質中執掌通蔽開塞之能力，與死生修夭等不可變之命分加以混淆，其真正欲加變化者，或可以變化者，實為經由各種主觀環境、人際關係網所衍生之習氣，惟其如此，方可接續其將人性平等放在善反天地之性上，而不放在氣質之性上之用心，否則如氣質之性可變，則人皆可藉一己之力改變才情、修夭，此亦違反

〔註24〕　《張載集》，〈張子語錄下〉，頁327。
〔註25〕　《張載集》，〈張子語錄上〉，頁313。

現實界情況。是故張載曾明變化氣質之眞義以：「惟其能克己則爲能變，化卻習俗之氣性，制得習俗之氣。」（〈經學理窟‧學大原上〉）除以人皆具力求變化之能力再次彰顯出人性自由平等之精神外，其對象則限於習氣，而非導致物種所以及人己殊別之形上殊別之理，此乃於理解張載意旨時，值得注意之部分。

第三節　論涵養之歷程

　　張載既明禮之基礎及其於涵養歷程中之意義後，繼之要解決之問題，乃如何藉禮之助力，循序漸進的完成涵養之問題。於此他以爲，禮既非出於一己之私所訂，乃源於知、情諧調所產生之結果，因之若能循此而行，自合公志，亦即群體之普遍意志；而在踐行之過程當中，亦能透過行動，對心理產生潛移默化之影響，使人自然而然知、情和諧，此乃知、情、意三者合一之最高表現。他曾表示：

> 學者且須觀禮，蓋禮者滋養人德性，又使人有常業、守得，又可學便可行，又可集得義。養浩然之氣須是集義，集義然後可以得浩然之氣。嚴正剛大，必須得禮上下達，義者，克己也。〔註26〕

道德之產生，乃源於人與外在環境間之互動，若捨棄了客觀環境與群體，則人僅有行爲表象，而不具備行動之意義；換言之，缺乏了與外在大環境間之互動，則行爲即無所謂價值可言。正因禮之基礎，乃產生於對客觀宇宙形上原理之體認，以及對某些特定行爲能產生群體善結果之預設，因此可謂人與客觀環境及群體互動下所生之文化產物，故爾張載謂之能「滋養人德性」。此外，禮所呈現出的，乃外在之具體規範，雖具備形上之意義，卻以具體之內容加以落實，因此不致使人無所適從，並進而能有所堅持，是以張載進一步指出，於守禮之過程中，自可達集義之效用，而集義，則爲養天地浩然之氣之前題。觀其「浩然之氣」一語，可知其乃引用孟子之思想。《孟子》〈公孫丑篇〉中曾記載孟子之言曰：「我知言，我善養吾浩然之氣。敢問何謂浩然之氣。曰，難言也，其爲氣也，至大至剛。以直養而無害，則塞於天地之間。其爲氣也，配義與道，無是餒也。」由孟子此段用語來看，其所謂浩然之氣，實即決意將個人意志完成於普遍意志中胸襟之養成，由於此一實現眾人最大

利益之目標，乃與天地不私厚於人、視萬物爲一體之生生原理相契合，故以「塞於天地」明之，而此一胸襟之養成，又爲透過人爲價值判斷所產生之意向，是以乃「集義所生者」。孟子雖以「氣」來比喻此一價值取向，然並非指宇宙自然運行之條件，而是指涵養結果之呈現，是以張載取此以明其與行禮間之先後關係，並以「克己」來喻明涵養過程中「集義」之精神。

　　誠如前文所言，張載所謂之克己，乃節制出於一己私利而無益於人群之意念，轉而以群眾福祉爲目的之用心，因之由此所詮釋之「義」，並非要人完全捨棄私心，而是要人於一己與群體間發生利益衝突時，能以群體利益爲重之意。事實上個人利益之集結雖未必即爲群體利益，然有時個體利益之完成，卻可促進全體利益之達致，因此克己之眞義不在於克制私己之意，而當爲克制會破壞群體和諧或利益之用心。孟子曾言：「羞惡之心，義之端也。」（〈公孫丑篇〉），以羞惡來做爲義之表現形式，正顯示出對於違反群體福祉所給予之負面評價。因此張載雖以克己釋義，卻也襲取《中庸》對義之詮釋〔註27〕，取其「合宜」之內容。其言曰：

> 如義者，謂合宜也，以合宜推之，仁、禮、信皆合宜之事。惟智則最處先，不智則不知，不知則安能爲！故要智及之，仁能守之。仁道至大，但隨人所取如何。〔註28〕

於此段話中，張載表明了若要求合宜之行，首要在於智識之獲得，因爲有了智識，有了比較，方得以知曉何謂合宜，以及如何做合宜。然而此處所謂之智識，並非是指德性之知，而是緣於外在現象界所得之經驗之知，沒有了這一層外緣助力，則無法達到「知」的境界，亦無法行止合宜。由智至知，張載所欲申論者，仍無非由窮理以至盡性之路徑。張載曾言：「知包著心性識，知者，如心性之關轄然也。」〔註29〕知乃關乎德性之知，而由現象界轉至價值層面之思索，然後建立起一套價值體系（亦即集義），此中所欲彰顯者，亦無非人類行止與客觀環境間之互動。客觀環境給予人類材料，人類於其中建立出起一套價值體系，然後再循此價值體系來決定行止，而透過行動所產生之結果，又再度影響著客觀大環境，因此彼此間乃相互影響，一體不二的。張載雖以禮之合於普遍意志來做爲涵養時規矩之所憑，但並非要求行禮如儀

〔註27〕　《中庸》第二十章有言：「故爲政在人。取人以身，修身以道。修道以仁，親親爲大。義者宜也，尊賢爲大。親親之殺，尊賢之等，禮所生也。」
〔註28〕　《張載集》，〈經學理窟・學大原下篇〉，頁287。
〔註29〕　《張載集》，〈張子語錄〉，頁316。

即可，而是要藉行禮來體會群我間之互動模式，並從中獲得經驗，再透過反思，取其價值高者爲之，如此反覆不已。是以禮之存在，雖有其不變之價值，其內容則是不斷經歷著考驗，在時空的嬗遞之中，屢屢改變其形態的。或因有體於此，故張載雖以「智及之、仁能守之」來喻明合宜之義，然亦言「仁道至大，但隨人所取如何。」將人類涵養內容視爲動態的，俾使禮之本質具備了與現實結合之意義，而不致因囿於時空，而有僵化之虞。

一、由博文而集義

由禮之具形而上下一致性，及其表現於現象界時內容之可變性，張載將儒家著重人倫，重視人與人間互動關係之精神發揚出來。然而正由於涵養並非一成不變的遵循著某些僵化之規矩，而是要在規矩中求取良好之群我關係，並藉此達成預設善之結果，因此透過感官攝受所得之經驗之知便成爲十分重要一環。雖然人亦有見一物而悟與終身而悟之差別，然外在經驗之重要性，正如同欲盡性必先窮理一般，有著決定性之影響。張載曾對德性之知的獲得有如下之說明：

> 人謂己有知，由耳目有受也；人之有受，由內外之合也。知合內外
> 於耳目之外，則其知也過人遠矣。〔註30〕

知合內外之作用，源本於心合性識，不但具備思慮之知，亦具價值追求之能，換言之，亦即由窮理以至盡性所彰顯內在一致性之具體表現。因此其形式雖已超越耳目之知，然其始出點，仍然無法外於耳目之攝受。是故張載雖言觀禮以集義，卻又強調博文與集義之先後關係。他曾指出：

> 博文以集義，集義以正經，正經然後一以貫天下之道。〔註31〕

由觀禮內涵集義之意，再由博文以集義之主張來看，則張載所謂之博文，應非指對客觀世界之科學性認知，而是在觀禮之實際運作中，廣泛的汲取人與人互動時所產生效果之經驗，亦即對個體與其所處環境間關係之觀察。誠如前文所言，德性要求乃關乎人與外在群體間關係之評價，而又因人無法脫離自然，自然環境之優劣亦關係到人類之存在，是故德性乃明人與群體及自然間之關係，至於善之與惡，則正表示對行爲能導此關係和諧與否之評價。由是可知，善惡等價值判斷，除了需落實於行動結果之外，更在於彰顯個體對

〔註30〕 《張載集》，〈正蒙·大心篇〉，頁25。
〔註31〕 《張載集》，〈正蒙·中正篇〉，頁29。

於群體，或言外在大環境之貢獻，因而所謂德性之知，即必待群我互動模式建立後，方可於行動之中，預設透過行動結果所產生之善，然後再透過意志之力量加以施行。觀張載博文之意，實即透過對行動之觀察，從中尋求互動模式之要求，而「博文則利用」〔註32〕之內在一致性，則足以明此模式必導於實際運作時，求利要求之中。關於「博文」對由行動預設善結果之意義，尚可於張載下列論述之中加以證之。他曾表示：

> 博學于文者，只要得習坎心亨，蓋人經歷險阻困難，然後其心亨通。〔註33〕

張載之所以以坎卦來說明博文者，主要在於坎卦所顯示的，乃由逆轉順之境況，而由逆至順之因，又在於一心亨通之故。坎卦卦辭曰：「習坎。有孚，維心亨，行有尚。」對此張載釋之曰：「坎維心亨故行有尚，外雖積險，苟處之心亨不疑，則雖必濟而往有功也。今水臨萬仞之山，要下即下，無復凝滯之在前，惟知有義理而已，則復何迴避，所以心通。」〔註34〕若非有「往有功」之預測，如何能「心亨不疑」？而所謂義理者，則是對「往有功」此項結果之價值認同。是故可言：博文者，實為透過與外在環境不斷之接觸，所進行之判斷與選擇工作，是人對自我與其所處環境間交通之情況，所從事之評估工作，而非為對物性之理之廣泛認知。正因博文所標榜的仍為德性之知求致之準備工作，是故於此產生了一項問題，那就是在涵養過程當中，如何僅透過相當於博文之窮理活動，即能由「成己」結果中，進一步達至「成物」之要求？透過其對博文及窮理之說明，我們只能說，張載盡性而能成己、成物之過程，乃就論理次序中推演出來的，換言之，人既能體萬物共生之價值，則必能適當的運用共生間互利之關係。然而從認知過程來探討此項關係時，對於外在物本身之認識不足，又為能論及成物？是故張載雖以「見」及「耳目之知」籠統的概括了對實在界之認識，然究其所以，則仍限於人我、物我間關係之抽象性認識，而非物種本質之認知，此亦張載學說上較為疏陋之處。

張載既將博文與觀禮階段並言，視之為互動方式之考察，於是在自覺精神啟發之內在要求之下，進一步自然應對關係結果下一價值判斷，並進而完

〔註32〕《張載集》，〈經學理窟・學大原下〉，頁286。其原文乃：「道理須從義理生，集義又須是博文，博文則利用。」

〔註33〕《張載集》，〈近思拾遺〉，頁377。

〔註34〕《張載集》，〈橫渠易說・經上・坎卦〉，頁121。

成其價值體系，此即其所明集義之意，他曾指出：

> 集義猶言積善也，義須是常集，勿使有息，故能生浩然道德之氣。
> 〔註35〕

前文已言，善所代表的，乃群我關係最完美之表現，亦即個人意志得以完成於普遍意志中之表現，積善之義，除顯示這種關係之達致非自然成就之外，亦彰顯出人爲努力之成就。張載於人性論中曾指出人有價值自覺之活動，亦即道德活動，觀其常集與勿息之警語，即說明了此項藉助意志力堅持方得完成之活動，其屬於人爲自覺，而非必然具有之性質。

張載視集義爲價值系統之建立，而價值系統建立之目的又在於完成群體所共有之福祉，此項見解尚可透過其對艮卦之說明加以得證。艮卦卦辭曰:「艮其背，不獲其身，行其庭，不見其人，無咎。」由於艮之內、外卦均爲陽卦，上下無應，故「不見其身，不獲其人」，然而無咎者，則在於如〈象辭〉所言，能「時止則止，時行則行，動靜不失其時」之故。換言之，艮卦雖顯示出內外無應之孤立境況，然而因其能善體時艱，以有所止之態度來應付眼前，是故雖有所阻而無咎。對此，張載釋之曰：

> 動靜不失其時，是時措之宜也，集義也，集義久則自有光明。靜則
> 無見，必動乃見。〔註36〕

於此段說明中，張載將「集義」視爲時措之宜之表現，爲動靜不失其時之表現，而所謂「時」者，則正如艮卦上下無應所見，乃指所處之內外環境；換言之，「集義」者，除在於掌握內外關係，明瞭個體於整個大環境中之地位外，更在於能有合宜之舉措加以應對，《易》〈繫辭〉曰:「變化者，進退之象也。」是故無論進或退，皆出於一己之選擇，擇其能使個體充分發展於群體之中，使能於和諧之群我關係中，達致共榮共利之結果者爲之，是一種積極性之表現，故張載繼之曰:「靜則無見，必動乃見」，此處所謂之動，即爲擇其宜者行之之積極性選擇，亦即「集義」中價值體系建立之表現。

前文曾言，雖然於涵養過程之中，張載主張自行禮之行爲來增長德性之知，然而他亦強調須再藉此一基礎，發展出更具時空意義之新的價值內容，此項主張，透過其對「時措之宜」所做之說明，可以再次得證。他指出：

> 時措之宜便是禮，禮即時措時中見之事業者。非禮之禮，非義之義，

〔註35〕　《張載集》，〈經學理窟・學大原上〉，頁281。
〔註36〕　《張載集》，〈橫渠易說・艮卦〉，頁158。

　　但非時中皆是也。非禮之禮，非義之義，又不可一概言，如孔子喪
　　出母，子思不喪出母，又不可以子思守禮爲非也，又如制禮者，小
　　功不稅，使曾子制禮又不知如何，以此不可易言。〔註37〕

禮便是表現於外之合宜舉措，而所謂之合宜，則爲因時制宜，如孔子與子思
對喪事持不同之應對方式，因情況之不同，並不代表其中即有一方不合矩度。
換言之，禮之落實於外在形式時，其目的乃在於能用，能爲個人意志之完成
於普遍意志而加以規劃，因而時空、需求之不同，自會產生相異之內容，是
以除非賦予「禮」以不斷更新之功能，否則即將淪於空泛、僵化之外在形式。
張載將《易》〈繫辭〉「聖人有以見天下之動，而觀其會通，以行其典禮。」
之精神，藉集義之說加以發揚，使集義之說、時措之宜之論，成爲使禮得以
不斷更新其內容來因應環境之內在基礎。就形上原理而言，禮之產生乃源自
人類內在自覺意識之醒發，是爲感性與理性結合所呈現之形式，自有其不變
之存在價值，然就其表現內容而言，則爲可變的、暫時的，具有時空之特性，
是皆爲追求一最終善所呈現之發展軌跡。是故，禮之內容所具備之價值，便
不僅止於儀文所見之規範性意義，更是人類追求善之發展史。

　　時中思想於張載學說體系中，除了彰顯出價值體系建立之重要性，以及
基於此所衍生之禮，其內容所具備之精神發展意義外，更進一步指出了個
人所致力之發展能嘉惠愈多之群體，則其所成就之自我即具備愈高之價值。
換言之，個人所置身之群體其範圍愈廣，則個人存在之價值即愈深遠。他
表示：

　　極其大而後中可求，止其中而後大可有。〔註38〕

於此，本文以爲「大」並非指延積之廣大，亦非指識見之廣博，而是指目的
訂立之深遠，亦惟有求長遠之善，方可避免階段中之錯誤，亦方顯「中」之
價值；同時，亦惟有行時中之舉，擇其合長遠利益者行之，方能成就愈大群
體之福祉。時中所顯示的，不單是行事時之考量，同時亦喻含目的性意義於
內，是故張載曾謂：「時中則要博學素養」〔註39〕，若無充分之識見來拓展自
身之眼界，又如何能訂立長遠之目標來加以完成？從博文、集義以至時中之
說明，張載納《易》〈繫辭〉「範圍天地之化而不過」思想於其中，將人事之

〔註37〕　《張載集》，〈經學理窟‧禮樂篇〉，頁264。
〔註38〕　《張載集》，〈正蒙‧中正篇〉，頁28。
〔註39〕　《張載集》，〈經學理窟‧義理篇〉，頁271。

範圍加以擴充，並取其「繼之、成之」之精神，寓目的與方法上有所選取之意於其中，可謂真正發揚易之時中精神也。

二、精義入神之義

繼博文而集義之後，張載又舉出「精義入神」一義以接續其精神，其原文為：

> 又集義自是經典，已除去了多少掛意，精其義直至於入神，義則是一種義，只是尤精。雖曰義，然有一意、必、固、我便是繫礙，動輒不可。須是無倚，百種病痛除盡，下頭有一不犯手勢自然道理，如此是快活，方真是義。〔註40〕

由此段文章來看，所精之「義」仍不出集義之「義」，仍為具有典範意義之價值體系，然而精益求精之處，則在於去除主體主觀之態度。《論語》〈子罕篇〉有言：「子絕四。毋意、毋必、毋固、毋我。」凡預存立場、預做決定、固執不化或私心過重者，皆為主體過份我執之表現，凡我執重者，其識見必定狹隘，眼光無法高遠，亦無法捨棄私己之利益，做起事來自然縛手綁腳的，又如何能成就眾人之事業？是以集義所含蘊的，乃德性之知的完成，至於精義入神，則為由德性之知，轉化為具體行動之重要關鍵。德性之知本即內含行之意義，然而若未發為具體行動，則仍屬當然而非必然，是以精義入神者，在於強調價值系統之落實於實際活動，乃有賴擯棄一切立場、成見，須以無私之心來加以踐行，如此方能體現其成就於群眾之目的，亦方能彰顯人類超越自我所限，成就理想之可貴。

為說明精義入神所具之行動意義，張載接著又取「仁」來與之並言。其言曰：

> 義以反經為本，經正則精，仁以敦化為深，化行則顯。義入神，動一靜也，仁敦化，靜一動也。仁敦化則無體，義入神則無方。〔註41〕

所謂「經」者，當指經緯，而非經書之意，換言之，是指原理、原則等形上依據。能掌握大化自然運行之原理，則能掌握到人與天地之關係，能看清人於宇宙之份際，如此方能處理人與群體間之問題，是以張載謂「經正則精」，又謂之「動一靜也」，以積極之動態表現完成虛靜所呈現之目的，此乃涵養過程中外顯

〔註40〕《張載集》，〈經學理窟・學原下〉，頁286。
〔註41〕《張載集》，〈經學理窟・橫渠易說・繫辭下〉，頁2170。

之表現。至於仁者，則取其修治、教化之意，乃漸進的、隱微的，須待成果出現方顯其功者，故張載謂之「化行則顯」，又謂「靜一動也」。誠如前文所言，時中之宜本含有目的性意義於內，仁敦化所顯示之生生精神，正爲此內在目的性之說明，是故張載以「無體」喻其發展之無限；而義入神則正爲生生之目的而有所行動之表彰，是以張載謂之「無方」，以明其成就範圍之無限。

　　雖然張載分別以博文、集義與精義入神來說明涵養之特性與目的，然而此三階段只限於言詮分別，實質上則爲不斷交織運作的，雖已致精義入神之行動階段，仍有其深淺之不同，如其所言：「入神是僅能入於神也，言入如自外而入，義自有深淺。」〔註42〕是故入神後復又博文、集義，以新的觀察與體驗，再次豐富一己之識見，並重新檢視己身之價值網，如此反復周行，方顯出價值追求活動之無限量，以及涵養與外在環境間互動不已之特性。亦正由於涵養本身乃一過程之表現，是故行動之中亦已包含了價值標準之訂立、時空環境之考察、行動方式之選擇、與達成目標之預立等複雜心理活動，爲進一步說明這些特性，張載於是又舉《易經》豫卦之義，來說明精義入神中預立行動結果之特質。他曾表示：「精義入神，要得盡思慮，臨事無疑」，又言「精義入神，豫而已」、「豫者見事於未萌，豫即神也。」〔註43〕首先，所謂「得盡思慮」，是指對所處環境之掌握，是對內外條件之詳查，由於明瞭自身所處狀況，因此能「臨事無疑」，不會有張惶失措，莫明所以之表現；其次，既取豫卦之義明之，則所謂「見事於未萌」之「事」，即非指對未及發生事件之預知，而是指對行爲結果之預設，換言之，亦即指能對行動目標予以設訂。《易經》豫卦象傳曰：「豫，剛應而志行，順以動，豫。」此卦呈內陰外陽之象，故取其外動內順之義，而此卦所欲表彰者，則爲順時以動之精神，是基於內外條件之掌握，所選擇之積極性表現。張載以豫明精義入神之義，正欲彰顯其出於判斷所行之特性，是以見事之未萌，絕非單純對未發事件之預測，而是基於前面之判斷，擇合宜之舉措以應之，並對行爲結果加以預設之表現。如非有對行動結果加以預設之階段，則人類又如何能表現出對善之追求？即因對結果能加以預設，是以人類能擇其可能導致結果善之方式來加以因應，努力去達致預設之目標。朱子曾明豫者乃「斷事無失」〔註44〕，所以無失者，

〔註42〕同註41，頁216。
〔註43〕以上三段文字，分別出於《張載集》，〈橫渠易說・繫辭下〉，頁216～217。
〔註44〕《朱子語錄》，卷九十八。

即在於預設之目標能加以達成，因此可以謂之爲「對行動結果所行之預設，與事實結果相符合」之表現。正由於「精義入神」實內涵行動結果之預立，因此更能凸顯出價值網之形成以至於踐行，此段歷程中人爲努力之自主表現，張載謂此：

> 事豫則立，必有教以先之，盡教之善，必精義以研之。精義入神，
> 然後立斯立，動斯和矣。〔註45〕

教與盡教之善，正爲博文與集義精神之表現，然必至精義入神，方能欲立則立，動則以和，達到結果之善。

爲說明精義入神所致之結果善，張載再自人類之心理活動來加以說明。他認爲人都是偏向於實際利用者多，「不能利用，便不思不勉，執多以御，故幢幢心勞而得喪矣。」〔註46〕因此必以用利身安爲目的，方足以使人勉力加以培養，而精義入神所顯之「豫」，正足以推至利用身安之結果。其言曰：

> 豫則事無不備，備則用利，用利則身安。凡人應物無節，則往往自
> 失，故要在利用身安，以養得也。〔註47〕

張載以「應物無節而自失」，從心理上勸說行爲若合符節之重要，然後再從結果之利，來得證精義入神之價值，前者凸顯了個人與群體間關係和諧之重要性，將個人利害置於群我交通之中，後者則凸顯出價值非爲純粹形上之理想，更須落實於形下實際生活之中，實踐於「事」方可。精義入神所表現的，是參透人我關係之重要與必須，並致力於其和諧互進之精神，此即張載所謂之「精義入神以致用，謂貫穿天下義理，有以待之，故可致用。」〔註48〕致用之意義，即在於有待，對結果善之待也，而有待之依據，則又在於內在價值系統之建立，或謂之典範之完成，因此張載又言「精義入神，事豫吾內，求利吾外也。」〔註49〕內豫外利，其實亦正足以顯道德行爲產生之整體過程。

由以上論述內容可以看出，張載雖於文字中諄諄勸誘人們施行道德修養，強調有心者皆可爲之，然其所謂之涵養，實已超越個人修養之內容，而發展出整套價值體系得以成立之規模；換言之，本文以爲其整個涵養論，實

〔註45〕《張載集》，〈正蒙·中正篇〉，頁 29。
〔註46〕《張載集》，〈橫渠易說·繫辭下〉，頁 215。
〔註47〕同註 46，頁 216。
〔註48〕同註 46。
〔註49〕同註 46。

即典範（Paradigm）成立之過程。事實上，由其形上體系之廣褒，以及其於心性論中強調個體自由意志之喚醒與發展，張載所著重的，正是傳統儒家所強調道德實踐之可能性問題，只不過在表現方式上，其所著重者已超越個人道德實踐之可能，轉而以個體如何實踐自我於群體當中，與群體間共生共榮為關注之焦點，是以其論述方式亦不同於孔子之因材施教，孟子之強調普遍形式之可能（如仁義禮智之根於心），而改以形式如何落實於器用為其探討之重點，因此雖則行文仍無法脫離傳統以個人為論述對象之方式，其內容卻已超越個人，而以道德典範之實現過程為其論述之焦點，因而群我互動關係之和諧，便成為其文章中十分重要之基礎。誠如其言：「精義入神，交信於不爭之地，順莫甚焉，利莫大焉。」〔註50〕精義入神所要彰顯的，正是和順無爭之基礎下，所達致之群我大利。此外，亦正由於此番重視互動下求利之作為，是以張載之涵養論，亦或多或少的擺脫了必然、有序、平衡之機制性制梏，因而具備了對無序、充滿變化之社會狀況之應變能力，使得典範，或稱之為禮者，成為社會自我組織，朝向另一和諧、有序目的發展之表現。

第四節　大人與聖人之分別

張載於涵養之看法，可以視為典範形成之過程，而其對大人及聖人之定義，則可視為常人與天才之分別。大人乃修而可至者，故其可透過外在之客觀經驗，及內在主觀之體認，相互運作而形成典範；至於聖人，則為常人難以追求，其形成典範之方式非藉外在經驗之助，乃為直達形上原理之處，以其內在超越經驗之理念，來規範人事之運作，是以可視為天才之表現。以下分別加以說明：

一、大人之義

前文已言及，由博文以至精義入神，張載所規劃的，實為社會發展過程中典範形成之過程，而完成此價值系統規劃之工作者，即其所謂之大人。他曾指出：「精義入神，利用安身，此大人之事。」又言：「全備天理，則其體孰大於此，是謂大人。」〔註51〕足證其對大人之肯定，是在於能掌握最高形

〔註50〕《張載集》，〈正蒙・中正篇〉，頁36；及〈橫渠易說・繫辭下〉，頁220。
〔註51〕以上二句分別出自《張載集》，〈橫渠易說・繫辭下〉，頁217；及〈說卦〉，頁236。

式之善，並賦予實質內容，導實際人生於圓滿之故。對於大人所成就之事業具備導向善之特質，張載曾有如下之說明：

> 大人者，有容物、無去物，有愛物、無徇物，天之道然。天以直養
> 萬物，代天而理物者，曲成而不害其直，斯盡道矣。〔註52〕

文中「有容物、無去物」者，顯示出其所關注之對象乃最廣大之群體，而非具備立場之個人或團體，因此竭盡所能的去拓展其嘉惠之對象，至於所謂「有愛物，無徇物」者，則表明了理想之追求，具備了超越之價值意義於內。是故大人之事，乃追求生命朝向更高價值發展之人為表現，非自然而然，乃有目的性之作為，故張載謂之「曲成」，而這種預設目標與結果之表現，又將個體利益寓於全體之中，正符合天地運行不已之生生歷程，是以謂之「盡道」。張載對「大人」之期許，雖寓意於著眼未來之發展，卻強調以合理之規劃來導民於此目的之追求，因之雖於理想上具備有超越當世之卓見，於行動上則為配合當世之情況，以和緩而不突兀之方式，漸次加以誘導。他曾於解釋乾卦九二文言「子曰，龍德而正中者也，庸言之信，庸行之謹，閑邪存其誠，善世而不伐，德溥而化。」一段時，對大人有如下之說明：

> 庸言庸行，蓋天下經德達道，大人之德施於是溥矣，天下之文明於
> 是著矣。然非窮變化之神，以時措之宜，則或陷於非禮之禮、非義
> 之義，此顏子所以求龍德正中，乾乾進德，思處其極，未敢以方體
> 之常安吾止也。〔註53〕

此處「庸言庸行」者，是指規範之設立乃以最平常、最易為人所接受之方式表現，因此雖然具備了主導性，但易為人普遍接受而奉行。但此並不表示凡庸言庸行者，即具主導性質，除非其出於窮究義理，並能以最適當之時機，與最合宜之方式來加以表現，否則常則、規矩所顯導向價值善之意義，即將流於徒具形式而無實質內容之虛文。張載以「思處其極」一語，顯示出在平常矩度之中，亦含藏著深遠之目的，此亦其取乾卦「乾乾進德」一義，來說明大人於典範形成過程中，不斷因時、因事導之之用心。

觀張載大人之說，不但指出了典範背後所具備價值追求之意義，將人類積極、自主之特性充分表現出來，同時亦指出理想不能脫序於現實，須與現實結合，配合適當之時空背景、事理環境，方可逐步加以完成。如政治上革

〔註52〕 《張載集》，〈正蒙・至當篇〉，頁35。
〔註53〕 《張載集》，〈橫渠易說・上經・乾卦〉，頁73。

命之成功，若非有相當民怨之積累、思想之開放，亦無法成就長遠之事業；又如科學之發現，雖有卓越之見解，若無法與當世民智相配合，亦將被時代洪流所淹沒，哥白尼之發現地球乃圓的，不正因當世充斥著亞里斯多德地球平面說之思想，而硬生生被壓抑了數百年？因此，典範之最大意義，不僅是理想之重塑與秩序之重建，更在於能夠印證於實際生活之中；換言之，典範必須是社會發展進程中，各階段間得以彼此接續之重要關鍵，其雖於漸進中完成，卻是人為規劃之具體顯現。是故與其說大人之事乃具備社會性意義，不如說它更具備了人性意義於其中。張載釋乾卦九五爻大象「飛龍在天，大人造也。」一語時曾指出：「造，成就也，或謂造為至義亦可。」〔註54〕成就至宜之價值系統，正是大人足以為人稱道之處。

二、聖人之義

　　除卻大人之外，張載復有聖人之說，然而由其對聖人之描述，則與前人有些許差異。查《四書》中除《孟子》對聖人有較多著墨外，《大學》、《中庸》與《論語》皆少有聖人之言，然不論《學》《庸》《論》《孟》，其所謂聖人者，乃著重於德性上之修為，或事功之達致。例如《中庸》第二十章曾言：「從容中道聖人也」，二十七章則言：「大哉聖人之道，洋洋乎發育萬物，峻極于天，優優大哉，禮儀三百，威儀三千，待其人然後行。」又《論語》〈雍也篇〉曾載：「子貢曰：如有博施於民，而能濟眾，何如，可謂仁乎？子曰：何事於仁，必也聖乎。」又〈子罕篇〉有言：「大宰問於子貢曰：夫子聖者與？何其多能也。子貢曰：固天縱之將聖，又多能也。」至《孟子》則於〈萬章下篇〉言聖為：「伯夷，聖之清者也；伊尹，聖之任者也；柳下惠，聖之和者也；孔子，聖之時者也，孔子之謂集大成。」又於〈盡心上篇〉言：「聖人之治天下使有菽粟如水火」，〈盡心下篇〉又言：「聖人百世之師也」。由以上所舉引文可以得知，《四書》中對聖人之定義，皆不脫能表現合宜之矩度，待人應事能成最善之結果，並於外在事功上有令人稱道之表現。至於張載，雖亦依循傳統之見解，說明聖人於修為及事功上之表現，但除此之外，他特別強調聖人非透過一般修養可以達致之特質。對於大人與聖人之不同，他曾如此表示：

　　　　「大人者與天地合其德，與日月合其明，與四時合其序，與鬼神合

其吉凶。」如此則是全與天地一體，然不過是大人之事，惟是心化
也。故嘗謂大可爲也，大而化不可爲也，在熟而已。蓋大人之事，
修而可至，化則不可加功，加功則是助長也，要在乎仁熟而已。
〔註55〕

於此段話中，張載強調於「修而可至」之大人外，另有「大而化」者，此時
人爲之努力已不足以達到此番境界，而其所呈現之事功，亦非有目的性之
作爲，乃自然而然，出於天性，此即聖人之表現。至此，張載又指出：「大人
成性則聖也化，化則純是天德也。」〔註56〕大者所欲彰顯的，乃人類價值意
識顯發之過程，而聖人所欲彰顯者，則在於「能」化，此乃純粹天德，是
天生自然，與大人所成就之方式完全不同，張載因此稱之爲「窮神知化」。其
言曰：

以理計之，如崇德之事尚可勉勉修而至，若大人以上事則無修，故
曰「過此以往，未之或知」，言不可得而知也，直待己實到窮神知化，
是德之極聖處也。〔註57〕

窮神知化所呈現出之極至，乃超越了常人所能理解之範圍，因此無法以理知
之知加以說明。至此張載又言「窮神知化乃養成自然，非思勉之能強，故崇
德而外，君子或未致知也。」〔註58〕因此雖然聖人所呈現之事功亦如同大人
之事一般，能納天地於一體，然而其成就非來自經驗之知，乃自然而然不具
分別，沒有偏私，達到與天地同流之境，因此更具有非常意義。張載所謂「天
之良能，非人能」〔註59〕，正是對此直觀能力之肯定。

雖然張載指出聖人具備了超越常人之直觀能力，然而他亦指出其之所以
能有偉大之事功，仍爲透過學習所獲致的；換言之，聖人之能雖來自於天德，
然而於彰顯此種直觀能力之表現上，卻仍須藉助經驗界原有之規範基礎，於
此之上再發展出新的價值體系。是故就此而言，聖人者，仍是於規矩中行其
述事、繼志之功者。他指出：

聖人亦必知禮成性，然後道義從此出，譬之天地設位則造化行乎其
中。知則務崇，禮則惟欲乎卑，成性須是知禮，存存則是長存，知

〔註55〕 同註53，頁77。
〔註56〕 同註53，頁76。
〔註57〕 同註53，頁76～77。
〔註58〕 《張載集》，〈橫渠易說·繫辭下〉，頁216～217。
〔註59〕 同註58，頁219。

禮亦如天地設位。〔註60〕

聖人雖具天德，能超然的看出價值追求活動之必然及其內涵，然若不能明瞭人類於實在界活動時所採取之模式，亦無法導之於理想路徑上發展。故張載雖謂「知則務崇」，指出理想雖要高遠，然則「禮則欲乎卑」，仍須自形下處著手，落實於形下生活之中，如此成就之典範方能長久施行，具備悠遠之價值。

十八世紀之德國哲學家康德（Immanuel Kant）於其所著之《判斷力批判》（Critique of Indgement）一書中，曾藉著藝術創作之問題，對天才提出一己之看法。他表示，天才乃指足以對藝術賦予規則之自然本領，他是大自然之產物，非人為所能達到的，因此他能一方面預設作品之目的，另一方面又為此目的預設材料之表現方式，亦即預設了形式〔註61〕。雖然康德所述之天才，乃著重於其能結合想像力與悟性兩種能力，然而就其能預設目的，並為此目地規劃出達成之形式，亦即規律，以及其受命於自然，不可學而致之之能力而言，則十分近似於張載對聖人之描述。

綜觀張載對聖人之論述，本文以為除了傳統上聖人所必須具備之順夫時、應乎天，以及成於事等內外條件外，尚具有不可取代、無法強求之天才特性，是故雖然他亦曾言：「人能以大為心，常以聖人之規模為己任，久於其道，則須化而至聖人，理之必然，如此，其大即是天也。」〔註62〕然而卻又表示：「大則人為可勉也，化則待利用安身以崇德，然後德聖仁熟，自然而致也，故曰窮神知化，德之盛也。自是別隔為一節。」〔註63〕此番「自然而致」、「別隔為一節」之功夫，不正是超越常人之特別能力？是以若以天才釋之，當不至離其意旨太遠。

三、誠之真義

除以上說明外，張載對聖人之理解，尚可透過其對「誠」字所做之論述加以得證。察《易經》全文中，並未使用「誠」之一字，是故張載有關「誠」之思想，當取自《中庸》一書無誤。《中庸》首章即言：「誠者，天之道也，

〔註60〕《張載集》，〈橫渠易說・繫辭上〉，頁191。

〔註61〕參考孫振青所著，《康德的批判哲學》一書，第八章〈藝術與天才〉，頁344～346。

〔註62〕《張載集》，〈橫渠易說・上經，乾卦〉，頁77。

〔註63〕《張載集》，〈橫渠易說・橫渠易說・繫辭下〉，頁217。

誠之者，人之道也，誠者不勉而中，不思而得，從容中道，聖人也。誠之者，擇善而固執之者也。」此中「誠者」與「誠之者」之分別，恰如張載聖人與大人之分立，只不過張載更進一步以易合天地人三才於一體之基礎，來說明「不勉而中，不思而得」及「擇善固執」之過程及內容，因此更豐富了聖人與大人之內涵，使二者之完成具備了歷程意義，將人類道德實踐之內在精神彰顯了出來。是故張載曾指出：「天之化也運諸氣，人之化也順夫時，非氣非時，則化之名何有？化之實何施？中庸曰，至誠爲能化。孟子曰，大而化之。皆以其德合陰陽，與天地同流而無不通也。」〔註 64〕若非有德合陰陽之基礎，如何可至能化之境？而張載對「誠」之定義亦以此爲基礎，因而使《中庸》「誠」之形式益發的豐富。

首先，張載承襲了《中庸》第三章「曲能有誠，誠則形，形則明，明則動，動則變，變則化，唯天下至誠爲能化。」之精神，視誠爲變化，或謂之運動之來源。他表示：

> 天不言而四時行，聖人神道設教而天下服。誠於此，動於彼，神之
> 道與。〔註65〕

無論是「四時行」或「天下服」，其源皆在於有「天」，有「聖人設教」之源，因此誠所彰顯的，便具有了先後關係之意義於內，換言之，乃具備了運動之意義，然而此處所謂之運動，卻非直接給予一外在之力量，而是以指導、牽引之形式出現，以目的之善吸引著萬物與人們不斷的運動向前。是故「誠」之於張載，並非如西方哲學中，亞里斯多得所謂之最終之目的因般，指一不動之形上根源，而是具有終始之歷程意義於內。他曾對誠下定義曰：「天所以長久不已之道，乃所謂誠。」〔註66〕又言「誠有是物，則有終始；僞實不有，何終始之有。故曰，不誠無物。」〔註67〕以易所言「道」之意義來詮釋誠之內涵，就此而言，張載已擴充了中庸「誠」之內容。

由於張載將「誠」視爲歷程展現，而此歷程又是以「有」，以生生爲其目的所鋪陳開來的，因此誠所顯示的，便又具有完成本質之力量來源；換言之，它是一種能使萬物潛存之能力，得以完成實現之條件。張載曾藉姤卦初六爻辭「羸豕孚蹢躅」指出：

〔註64〕《張載集》，〈正蒙‧神化篇〉，頁 16。
〔註65〕《張載集》，〈正蒙‧天道篇〉，頁 14。
〔註66〕《張載集》，〈正蒙‧誠明篇〉，頁 21。
〔註67〕同註 66，頁 20。

豕方羸時，力未能動，然至誠在於蹢躅，得申則申矣。〔註68〕

於此段話中，張載之重點非在於意志力之強調，而是在於「得申則申矣」一句中「得以成就，則成就之」之關係上；換言之，是在於潛在能力之得以完成、實現之論點上。是故張載繼之發揮《中庸》第四章「誠者，自成也。」之精神指出：

> 誠，成也，誠爲能成性也，如仁人孝子所以成其身。柳下惠，不息其和也；伯夷，不息其清也；於清和以成其性，故亦得爲聖人也，然清和猶是性之一端，不得全正，不若知禮以成性，成性即道義從此出。〔註69〕

誠之精神在於成就，成就善反所得之天地之性，故能誠則道義即從此出。於此，誠便又具備了二種意義，其一爲自然所賦予之氣質之性之完成，如羸豕之成就蹢躅；另一義則爲當然之性之成就，如仁人孝子之成其身、柳下惠之成其和及伯夷之成其清。故爾，誠又可視爲人類自我成就、自我完成之過程。然而，正如宇宙論中對機遇之說明離不開具永恆性之大化，人性論中對意志自由之說明離不開承受自天地之性命，以及論涵養時脫離不了與外在環境間之關係，人類之自我成就亦不得脫離自然與人事。張載曾謂：「天人異用，不足以言誠，天人異知，不足以盡明。」又言「誠明所知乃天德良知，非聞見小知而已。」是故誠所昭明之歷程，實即人類道德自覺啓發之歷程，亦即張載所謂：「性與天道合一存乎誠。」〔註70〕之眞義。至此，誠已脫離了純然天道之意，由張載對誠之立意，進一步發展出屬於人道之精神；換言之，張載已漸捨《中庸》「誠者」之義，轉而藉其人性論之基礎，發揮《中庸》「誠之者」、「擇善而固執」之論點，使誠之精神完成於涵養過程之中。是以他又以禮來說明至誠之彰顯，是必須透過外在具體形式之表現，方得以完成的，他表示：

> 誠意而不以禮則無徵，蓋誠非禮而無以見也。誠意與行禮無有先後，須兼修之，誠謂誠有是心，有尊敬之者，則當有所尊敬之心，有養愛之者，則當有所撫字之意，此心苟息，則禮不備，文不當，故成就其身者須在禮，而成就禮則須至誠也。〔註71〕

於此段話中，誠意所表現的，乃心於行其價值判斷時，所表現出之意志，而

〔註68〕《張載集》，〈橫渠易說・下經・姤卦〉，頁145。
〔註69〕《張載集》，〈橫渠易說・繫辭上〉，頁192。
〔註70〕以上三句引文皆出自〈正蒙・誠明篇〉，頁20。
〔註71〕同註70，頁266。

顯現於外者，則爲禮之合宜、合於矩度之行止。由內在尊敬之心，撫字之意所呈現出之追求價值善之意志，以及外在禮之體現，誠乃得以由完成價值判斷之過程，進一步落實於實際人生。此亦即其釋《易》〈繫辭〉「屈信相感而利生」、及「情僞相感而利害生」一文時指出：「至誠則順理而利，僞則不循理而害。順性命之理，則所謂吉凶，莫非正也；逆理則凶爲自取，吉其險幸也。」〔註72〕將吉凶之正，置於至誠基礎上之所出。

由以上論述可以得知，張載所重視的乃超越人類聞見之知，獲取德性之知之整體歷程，是以誠非僅爲一種態度，亦非形上不動之根源，而是具有實際潛能，使當然之理實現於具體人生當中之意義。因而不論大人或聖人，其個人之成就與典範之建立，亦非得透過此一階段方得以完成，此亦即張載總將誠、明並舉之主要原因。

結　論

綜觀張載整個涵養論可知，其於人性論中所探討的乃人類價值意識覺醒、或稱爲意識自由之基礎，至於如何完成之過程，則爲涵養論所探討之內容。由其對變化氣質之說明，可以看出其欲接續人性論之問題，進一步自心之可感、可知，將人類由一己之私中解放出來，把注意力由暫時私欲之完成，擴大至永恆善之追求，並藉禮之特殊形式，將此目的之達成，規劃出具體之施行方式。而由其論涵養之歷程則可看出，永恆價值──或稱之爲善，是必須完成於全體之中，而無法成就於一人之身的。是故追求之步驟首在於善體群己之互動關係，然後由此認知基礎上，建立出一完整價值系統，使此項價值系統具備了促使自我成就於群體中，使群我彼此共生共榮之意義。繼之，張載又根據系統建立之過程，藉大人與聖人之說明，進一步擴充爲具普遍義之典範，將社會規範背後之精神彰顯出來，再透過對聖人之描述，把天才之特色顯了出來。最後，張載以《中庸》之誠與《易》合三才之精神加以結合，總結的說明了涵養之歷程，實即自我成就之過程，而自我成就之意義，又在於透過具體之外在形式，實現既定之理想目標；換言之，涵養即透過人我關係之運作，以規劃後之具體外在形式，漸次完成預設目的之整個過程，亦即個體如何於群體中發揮其影響力，使彼此皆能獲得長遠大利之過程。此亦即張載整部涵養論之精神所在。

〔註72〕《張載集》，〈正蒙・誠明篇〉，頁24。

第四章　張載與周敦頤思想之異同

生　平

　　周敦頤，字茂叔，生於宋眞宗天禧元年（西元 1017 年），道州營道人（今湖南省道縣），原名敦實，因避英宗諱而改。父周輔成，曾爲賀州桂嶺縣令，母鄭氏。周子少孤，因而附於母舅龍圖閣學士鄭向。及長，於景祐三年，年方十九時，經鄭向之推薦而任洪州分寧縣主簿，因政績卓著，其後分別轉任南安軍司理參軍、郴州貴陽縣令，再用薦改大理寺丞，知南昌縣，並以太子中舍簽書合州判官事，但不爲部使者趙抃所知，及至遷國子博士通判虔州時，又值趙抃爲虔州守，因熟視其行而歎服其德，故曾執其手曰：「吾幾失君矣，今而後，乃知周茂叔也。」二人因此結爲學侶。英宗時，移判永州，再權知邵州。神宗熙寧初，因趙抃及呂公著薦，轉仕虞部郎中廣東轉運判官，後因積勞成疾，請知南康軍，此時周子擇居於盧山蓮花峰下，因寓前有溪附於溢江，故取故居道縣之濂溪以名之，此亦即後世尊稱其爲濂溪先生之所由。其後趙抃再鎮於蜀，擬復奏用，未及而卒，時值宋神宗熙寧六年六月七日，年五十七，葬於江州德化縣（今江西九江縣）。寧宗嘉定十三年，賜諡元公，理宗淳祐九年，封汝南伯，從祀孔子廟庭，後改封道國公，世宗嘉靖中，稱先儒周子。

　　查周子一生爲人方正，條理分明，黃庭堅曾稱其人「廉於取名，而銳於求志，薄於徼福，而厚於得民，菲於奉身，而燕及煢嫠，陋於希世，而尙友千古。」初仕於洪州分寧縣主簿時，有獄久未決，聞訊立辦，邑人皆驚曰：「老吏不如也。」足證其果決剛毅之個性。又於安南軍司理參軍時，轉運使王逵

誤判人於死，無人敢加以置喙，獨周子一人據理力爭，不聽，憤而置朝見之版而回，取補官文憑委之而去曰：「如此，尚可仕乎？殺人以媚人，吾不爲也。」王逵因感而改判，免囚於不死。由此，其人不隨流俗，勇於任事之心，亦昭然於世。是以知南昌縣時，富家大姓，點吏惡少皆惴惴焉，惟縣人皆喜曰：「是能辨分寧獄者，吾無冤矣。」及至任廣東判官時，因職提點本路刑獄，爲洗冤抑，更是荒崖絕島，人跡所不到處，亦衝瘴而往。其悲天憫人之胸懷，亦於此可表。〔註1〕

周子不但於施政上有所建樹，於問學上亦博雜而多聞，不但與二程父程珦、胡宿、周文敏、傅耆、李初平、王拱辰、許渤、孔延之等時儒爲友，亦出入於釋老，曾受業於潤州鶴林寺僧壽涯，並嫺熟於宗密之思想〔註2〕，可謂集儒釋老三家於大成者。至於二程與周子間之關係，據《宋元學案》所述，周子於南安時，時值程珦攝通守事，因見其氣貌非常，故與之爲友，並遣二子受學於他。然全祖望以爲，雖朱熹等以爲二程學說乃傳承自周子，然就其學說內容來看，則二程實未嘗傳其學說之眞義。其言曰：

> 濂溪之門，二程子少嘗遊焉。其後伊洛所得，實不由於濂溪，是在高弟滎陽呂公希哲已明言之，其孫紫微（本中）又申言之，汪玉山（應展）亦云然。今觀二程子終身不甚推濂溪，並未得與馬、邵之列，可以見二呂之言不誣也。晦翁、南軒始確然以爲二程子所自出，自是後世宗之，而疑者亦踵相接焉。然雖疑之，而皆未嘗考及二呂之言以爲證，則終無據。予謂濂溪誠入聖人之事，而二程子未嘗傳其學，則必欲而合之，良無庸矣。

全祖望據二呂之言指出，周學與二程之學實無直承之關係，而觀《宋元學案》，〈濂溪學案〉附錄所載明道語，亦皆以周茂叔稱之，而不以先生謂之，則全祖望之語當不虛發。是故雖朱熹曾言：「而先生出焉，不由師傳，默契道體，建圖屬書，根極領要。當時見而知之，有程氏者，遂擴大而推明之，使夫天

〔註1〕 有關周子之生平及行事，乃參考正中書局所出之《重編宋元學案（一）》與商務書局印行之《宋元學案》，二書中之濂溪學案內容，以及《宋史列傳》卷第一八六、道學一。

〔註2〕 關於周子問學於壽涯之事，乃參考晁公武《讀書志》及朱彝尊《太極圖授受考》，引自《宋明理學研究論集》一書中，姚榮松所著之〈濂溪學案蠡測〉一文。至於嫺熟宗密之思想部分，則參考毛奇齡所著之《太極圖說遺議》，引自前書及朱伯崑所著《易學哲學史》卷二，頁113～114。

理之微，人倫之著，事物之眾，鬼神之幽，莫不洞然畢貫於一。」〔註3〕周子與二程間從學之關係則尚待考證。

第一節　周子太極圖與張載宇宙論之比較

　　查周子著作僅有《太極圖》與《通書》二者，其中為配合圖式所呈之精義，復有《太極圖說》為解。關於太極圖之來源，歷來爭議頗多，大致可分為二派：一派認為此圖非為周子所創，另一派則以此圖為周子獨創，前者以全祖望、陸象山、毛奇齡、朱彝尊及黃宗炎等人為代表，後者則可以朱熹為代表。

　　全祖望曾於《宋元學案》之〈濂溪學案〉中指出：「無極之真，原于道家者流，必非周子之作，斯則不易之論」，陸象山則於給朱熹之信中論說：「梭山兄謂太極圖說，與通書不類，疑非周子所為。不然，則或是其學未成時所作。不然，則或是傳他人之文，後人不辨也。」〔註4〕清毛奇齡則直指周子之太極圖乃源於《周易參同契》，其言曰：「參同契諸圖，自朱子注後，學者多刪之。惟彭本有水火匡廓圖，三五至精圖等，周濂溪太極圖中之第二圖，即取參同契之水火匡廓圖，第三圖即取參同契之三五至精圖。」〔註5〕至於朱彝尊則認為此圖乃來自道教上方大洞真元妙經之說，後由衛琪注衍生出無極、太極圖，並經陳摶演而為圖，曾刊於華山石壁。他表示：「自漢以來，諸儒言易，莫有及太極圖者。惟道家者流，有上方大洞真元妙經，著太極三五之說。唐開元中明皇為制序，而東蜀衛琪注玉清無極洞仙經，衍有無極、太極諸圖。」〔註6〕而黃宗炎則認為此圖乃來自陳摶之無極圖，是將方士煉內丹之過程加以顛倒，成為宇宙化生之次序。他指出：「周子得此圖，而顛倒其序，更易其名。附於大易，以為儒者之秘傳，蓋方士之訣，在逆而成丹，故從下而上。周子之意，以順而生人，故從上而下。」〔註7〕大抵而言，此五種說法皆顯示了周子之太極圖乃傳自道教先天太極圖、或陳摶之無極圖，至於毛奇齡所謂來自《周易參同契》，則可謂追本溯源之論。無論如何，太極圖乃周子受道教易學

〔註3〕　見《朱子全書卷》，卷一。
〔註4〕　《象山全集》，〈與朱元晦〉。
〔註5〕　見《西河合集》，〈太極圖說遺議〉。
〔註6〕　見朱彝尊，《曝書亭集》，卷五十八〈太極圖授受考〉。
〔註7〕　見黃宗炎，《太極圖說辨》。

影響所形成的，並非他個人所獨創，此則實爲可信。周子受道家思想影響之事實，尚可透過其〈讀英眞君丹訣〉一詩中加以證之。其詩曰：「始觀丹訣信希夷，蓋得陰陽造之幾。子自母生能致主，精神合後更知微。」〔註8〕周子對陳摶鍊丹術之推崇，可視爲其受道教影響之佐證。

　　至於朱熹，則根據潘興嗣（清逸）爲周子之墓誌銘，斷定太極圖說爲周子所自作。其曾於《周子全書》卷一中表明此種立場，其文曰：「潘清逸誌先生之墓，敘所著書，特以作太極圖爲稱首，然則此圖當爲先生書首，無疑也。然先生既手以授二程，因附書後，傳者見其如此，遂誤以爲圖爲書之卒章，不復釐正，使先生立象盡意之微旨，闇而不明，而驟讀通書者，亦復不知有所總攝，此則諸本之失也。又嘗讀朱內翰震進易說表，謂此圖之傳，自陳摶、種放、穆脩而來，而五峰胡氏作序，又以爲先生非止爲種穆之學者，此將其學之一師爾，非其至者也。夫以先生之學之妙，不出此圖，以爲得之於人，則決非種穆所及，以爲非其至者，則先生之學，又何以於此圖哉。是以竊嘗疑之。及得誌文考之，然後知其果爲先生所自作，而非有受於人者，二公蓋未嘗見此誌而云云爾。」就思想體系而言，太極圖雖有受道教影響之處，然其將易之天人關係植入其中，將宇宙與人生結合在一起，視具體生命之存在爲發揚天命之精神，則與道教全然不同，可以謂爲其個人獨創之見解，就此而言，朱熹之言亦不妄矣。

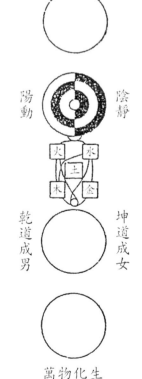

一、太極圖所呈現之宇宙論

　　右圖所示，乃經朱熹修定後之太極圖，此圖與南宋朱震爲高宗講易時所進呈之本略有不同。不同處在於朱震之本中，陰靜用語乃位於上方第一個圓圈之右下方，而陽動則位於水火匡廓圖之下方，至於代表乾道成男、坤道成女之圈，則又與上圖代表五行之合的小圓相連接。然由於今日論周子太極圖時多以朱熹之修定本爲準，故本文亦採取此一版本來加以論述。

　　根據朱注，圖上方第一圈，即圖說中所謂之「無極而太極」也，是爲陽動陰靜之本體。至於無極之義，則

〔註 8〕見《周子全書》，卷十七。

非謂太極之外別有無極，而是形容太極無聲無臭，不落於器用之特質。而下方接著所示之水火匡廓圖，則爲圖說中「太極動而生陽；動極而靜，靜而生陰；靜極復動。一動一靜，互爲其根。分陰分陽，兩儀立焉。」所言之部分。據朱子注，此圈所顯示者，乃「無極而太極」之用所以行、與體所以立之所在。接續水火匡廓圖的，則爲水火木金土五行相生圖，此即圖說中所謂「陽變陰合，而生水火木金土，五氣順布，四時行焉。」之部分。至於五行圖下方之小圓圈，則象徵著太極、陰陽、五行之一體性，亦即圖說「無極之眞，二五之精，妙合而神凝。」之部分，換言之，是爲說明以上程序乃理論上之分別，就生發之次序言，則爲同時具足，並無次第可言。至於下方之二圈，則分別象「二氣交感，化生萬物，萬物生生，而變化無窮焉。」之精義。

據此圖之次第可以看出，周子太極圖所顯宇宙生發之次序，乃根據《周易》〈繫辭上傳〉「是故易有太極，是生兩儀，兩儀生四象，四象生八卦，八卦定吉凶，吉凶生大業。」之章句而來。前二圈乃表太極兩儀之立，至於「五氣順布，四時行焉」，則正象四象之順承，而八卦者，是正合「無極之眞，二五之精」之「妙合神凝」，至於「乾道成男，坤道成女，二氣交感，化生萬物」則秉〈繫辭〉「男女構精，化生萬物」之部分，是以就圖式而言，乃傳承了〈易傳〉所示之宇宙生發歷程。所不同者，周子於太極之上另立了無極，如此便產生了儒道問題之爭。而此番爭論中最主要的，當爲朱熹與陸象山間之爭議。象山於鵝湖會面之後，約於淳熙十五年時曾致書朱熹，指出無極之說實爲不當，非爲儒家固有立場，以及朱子將之放入《近思錄》之不當性，而朱熹則於同年及次年分別修書一封與象山，反覆指陳無極之說非乖離儒道，以及納無極於太極之上之適當性。〔註9〕

由於朱子持二程理氣分殊之觀點，是以於解釋無極與太極問題時，便將無極以形容詞之用法加以定義之，認爲無極之立，是在於說明太極雖爲化生萬物之源，卻超越萬物之上，有別於形器之特性。他曾指出：

> 老子之言有無，以有無爲二。周子之言有無，以有無爲一。以其無方所形狀，以爲在無物之前，而未嘗不立於有物之後。以爲在陰陽之外，而未嘗不行於陰陽之中。以爲通貫全體無乎不在，則又初無聲臭影響之可言也。〔註10〕

〔註 9〕 朱陸無極與太極之辨，可參考作者所著《鵝湖爭議眞諦之研究》。
〔註10〕 《周子全書》，卷一，頁5。

就其文章內容可知，朱子乃將無極視為描述太極超越於物外，卻又內在於萬物中之特性者，是從本體論之立場來解析無極與太極間之關係。然就周子《太極圖說》所論「無極之真，二五之精，妙合神凝。」一語來看，若無極僅用以形容太極之既超越又內在之特性，則又何須旁立出來，並以「真」字來形容其真實不妄？是故作者以為，經朱伯崑之解析，據宋本實錄所載之《太極圖說》，其首句「自無極而為太極」一段，應較符合下段「無極之真」用語之一致性〔註11〕，乃形容宇宙之生發過程非憑空而致，而是有其根源的，恰如《圖說》中「太極本無極也」一語，其義亦以無極為太極之本源。至於《圖說》中以「五行一陰陽也，陰陽一太極也」，來說明太極、陰陽、五行之一致性，卻不以「太極一無極也」來解釋無極與太極之同體性，其分別當在於無極與太極之分野，是在無極乃象未運動生發前之情境，而太極則象運作之始，二者有狀況之不同，因而太極與陰陽、五行可同時並言，卻不得以「一」來說明無極、太極二者間之關係。《易》〈繫辭傳〉中曾指出：「易與天地準，故能彌綸天地之道」，又言「生生之謂易」，換言之，《易傳》之精神不在於說明宇宙初始前之狀況，而在於論述宇宙生發之歷程，以及開物成務精神之顯發，是故易所言之太極，本即在說明運動之本源，周子之太極，所欲表現的即在於此生命力之來源，是以陰陽兩儀內在於太極之中，而五行則又與之相聯。至於無極，雖然作者以為其有別於太極，非可以形容詞之作用來加以定義，然而亦非「太極之上別有無極」之義，反之，無極之義當在破除有無分立之爭，將人由空無之迷思中引領出來。由周子「無極之真」一語，可以看出無極所顯示的，乃真實無妄之體，而由其下「二五之精，妙合而凝」一語，則可得此體與其下之用乃相續一體，並無真妄之別，故爾無極者乃欲說明此根源之理論先在性，而非欲分別有無，造成二者之悖離。就此而言，周子之太極圖不僅納大化歷程於其中，更嘗試追求一形上之根源，是以勞思光曾於其所著《中國哲學史》中指出，此圖乃混合宇宙論與形上學之思想於其中，而「無極之真」則實指萬有之體〔註12〕，為宇宙最終之實體。

　　雖然無極、太極之分立，由其形式來看，似乎與道家有無之分立殊無二致，然而從字面上之意義來看，太極者，乃指最窮盡處之義，是故可以視為宇宙生發之最後根源；而無極者，則指沒有極限，無法窮盡之義，故可視為

〔註11〕 參考朱伯崑所著，《易學哲學史》卷二，頁 102。
〔註12〕 勞思光，《中國哲學史》卷二，頁 102。

一種超乎思慮之上，無法以言詮說明之狀況，是具備了各種可能性的。若果以以上之定義來解釋周子無極、太極之義，則可產生如下之說明：宇宙於未產生之前，其狀況如何是無法想像及加以說明的，然而其存有則是無法加以否認，乃真實而不虛妄的，基於此真實無妄之體之自我發動，亦即太極之自我發動，於是漸次產生了宇宙萬物，換言之，無極、太極之分所呈現出的乃思慮上所要求之論理先後關係，而非體用或創生之關係。作者以為，如此之說明，不但不悖於朱子視太極內在於萬物，萬物亦內在於太極之看法，同時亦能凸顯出周子於論理上追求宇宙生發前後狀態之用心。《南軒語錄》〈答程子問〉中曾記載：「侍坐正夏堂，論濂溪為道學宗主，乃在道州，可謂此邦盛事。對曰，濂溪不由師援，真所謂自得。曰，濂溪始學陳希夷，後來自有所見，其學問如此而舉世不如。」〔註13〕周子受道教影響自不待言，是以效道家有無之立，於太極之上，復追求宇宙本初之狀態，亦非絕不可能之事矣。

　　無極乃指宇宙未生發前之狀態，至於創生之整個歷程，則在於周子對太極之說明，換言之，太極即體即用。周子曰：

　　　　太極動而生陽，動極而靜，靜而生陰，靜極復動。一動一靜，互為
　　　　其根。

於此段話中，周子雖以動靜來區分陰陽之不同性，然而陰之靜非靜止不動之意，而是指相反於陽之不同性質。至於陰陽之性質，則作者以為須自下一句「分陰分陽，兩儀立焉，陽變陰合，而生水火木金土。」中加以分析。由陽變陰合之用語來看，陽所代表的乃變化之產生，而變化約可分為質變與量變，然不論質或量之改變，所呈現者皆為原來組織之瓦解，是故陽變可以解釋為新組織形成前內容複雜化之表現；至於陰合，則決非混合之意，而是承襲了《易傳》「闔戶之謂坤」之精神，具有統合、凝具之意，換言之，陰合之作用，可以視為組織化與秩序化之表現。透過陽變陰合之作用，亦即複雜化與組織化之作用，於是產生了具體之水火木金土五行之氣。

　　關於陰陽之性質，朱子曾有如下之詮釋：「太極生陰陽，理生氣也，陰陽既生，則太極在其中，理復在氣之內也。」〔註14〕也就是說將陰陽視為氣之範疇。然而於此便產生了一個問題，因為陽動陰靜乃一不已之過程，是以若陰陽屬氣，則萬物個體之存在必賴其不斷顯化，而其下生水火木金土，然後

─────────────

〔註13〕《周子全書》（下），卷十八，頁355。
〔註14〕《周子全書》（上），卷一，頁7。

再進至化生萬物，此一過程便成爲宇宙生發之必然歷程，然而周子所欲強調之宇宙發展乃持續不斷的，生命之衍生亦爲接續不已的，每一個存有都是立基於既有之情境而產生，而非再次重複自陰陽、五行、化生爲形器之過程，是以若視陰陽爲氣，則陰陽反復之過程，便將萬物化生落於反復循環之表現，亦無法彰顯周子「萬物生生，而變化無窮」一語中，不斷前進、延展之時間觀念。換言之，若將陰陽歸屬於氣，雖亦可藉萬物中各有陰陽，陰陽內在於萬物之中來說明其反復不已之義，然作者以爲太極圖由上而下之順承關係，亦即由發展歷程所顯示出之直線、前進之時間觀，便無法顯現出來。是故，周子陰陽之說不可落於形下，亦即不可以氣來看待之，而應視爲太極運動發展時所秉之原理與原則，如此宇宙發展程序便成爲新的組織、或秩序之建立都是立基於原有之基礎上，乃原有組織間秩序性之消解，再經由組織內部自體之複雜化與秩序化，再次創生一新的結構組織，如此方才符合遞演之義，同時亦不違背陰陽內在於萬物之精神。此外，周子太極圖之目的乃在於將宇宙與人生結合，而在具體人生歷程中，不論政治、經濟、人文各個階段之發展，皆須立基於前者之上，而非從始出點再次出發，是故將陰陽視爲原則、原理，不但符合易「一陰一陽之謂道」之精神，其複雜化、組織化之運作原理，亦可適用於具體人生之中，使宇宙與人生接續在一起，達到其內在之一致性，此點，亦是作者認爲陰陽不可視爲氣之理由。

周子陰陽之論不宜視爲氣之範疇，除以上之論證外，尚可透過下述文字加以得證：「五行之生也，各一其性。無極之眞，二五之精，妙合而凝。乾道成男，坤道成女。二氣交感，化生萬物。萬物生生，而變化無窮焉。」五行之產生，可以視爲具體形器產生之始。前文已言，宇宙初始之前，其存有乃眞實不妄的，當其自發性的發揮其複雜化與組織化、或謂之秩序化之作用後，便漸次形成了五種基本性質，而此五種基本性質，又再次反復行其陽變陰合之作用，於是方能化生萬物，並進而變化生生無窮，朱子曾對五行之性質有如下之描述：「纔生五行，便被氣質拘定，各爲一物，亦各有一性，而太極無不在也。」〔註15〕是以五行已各具有其不同性，雖然其來源無有不同之處，然彼此已具分別，而分別，則是構成形器之初步條件。於此，五行雖具備殊別之性，卻不可視爲物質之義，因爲這種相異性之形成，乃其本源（亦即太極）之自發性表現，故內在即具備了演化之動能，乃一有機之結構，故僅能

視爲五種基本性質。五行之成可以視爲化形之始，而此初始，則又是內在於原始之無極，以及秉此無極之眞以行其自我發動之實的太極，行其陽變陰合之作用中，是故乃一同體內在之表現，此即周子所謂之「無極之眞，二五之精，妙合而凝」之含意。由無極而至五行，其中所呈現的，乃宇宙由無至有之歷程，換言之，乃宇宙由不具性質，發展至有所分別，足以辨識，具有結構與秩序性之歷程，此一歷程，周子即簡單的化約爲乾道與坤道之實現。由道之一語來看，周子對乾坤之認知，已超越了《易傳》中純粹形上之理之定義，亦與張載對乾坤之使用有所不同，乃是參雜了具體運作歷程於內，是故由無極、二五之基礎，進一步發展出男女之分別，亦即形成具體生命之條件，然後才能論及萬物之化生，並籍此化生之實，再行其生生之歷程，此即其所謂之「乾道成男，坤道成女，二氣交感，化生萬物，萬物生生，而變化無窮焉。」一語之內容。由周子於乾道、坤道完成之後，方論及二氣交感之用語，周子對於氣之定義，當限於存有者產生前條件之形成，換言之，氣所以成形之階段，應後於五行具備之階段，而非指陰陽之義，否則周子大可於「妙合而凝」之後，即言二氣交感，而不必再贅言「乾道成男，坤道成女」一段，是故二氣者，雖亦來自太極陰陽二能不斷作用所成之結果，乃整體歷程之顯現，然其所欲強調者，乃在於五行等五種基本性質形成之後，進一步的分化行動，是奠定存有者（或即形器）得以具體化，並具有繼續延續下去能力之關鍵，亦即勞思光所謂之「乾坤之具體化」，故於化生之整體歷程中，具有不可取代之意義，而此點，亦爲作者不同意朱子以氣來定義周子所謂陰陽之處。

　　前文已言，周子太極圖之目的並不在於規化出一宇宙生發歷程，而是要於歷程之中，達到其欲結合宇宙與人生爲一之目的，朱伯崑即曾謂「太極圖之最終目的，要在說明人的來源及其本質，以論證人具有成聖人之本質。」〔註16〕是以周子繼宇宙化生之歷程後，即將關注的焦點放在人的身上。首先他指出：

　　　惟人也，得其秀而最靈。形既生矣，神發知矣。五性感動而善惡分，
　　　萬事出矣。

於此段話中，他發揮了孟子「人性本善」之思想，認爲人天生便具備了分別善惡之能力，並將此項能力之來源，歸原於天地。在這裏，有兩點是值得注

意的：首先，周子對於人「得其秀而最靈」之期許，是在對「神發知矣」一句之肯定上，關於此句之義，朱子曾有如下之說明：「形既生矣，形體，陰之爲也。神發知矣，神知，陽之爲也。蓋陰主翕，凡斂聚成就者，陰之爲也；陽主闢，凡發暢指散者，皆陽爲之也。」〔註17〕換言之，人所以得天地菁華之處，並不在於繼陰順承精神之發展，而是在於承續陽所具備之擴充、發揚之特性，朱子以爲此便是「心」之具備：「問靈處是心，抑是性。曰，靈處只是心，不是性，性只是理。」〔註18〕且不論朱子對心之定義是否同於周子，觀《通書》中有「純心」及「誠心」之論〔註19〕，則心具備了接續至價值系統之作用，乃爲可以確定的，因此周子對於人之期許，便在於人類能藉心之作用，擴充、發揚天地之精神，此點，亦可謂承襲了孟子「四端之心」之立論。其次，關於「五性感動而善惡分」一語之義，根據朱子之解釋乃：「五常之性，感物而動，而陽善陰惡，又以類分。而五性之殊，散爲萬事，蓋二氣五行，化生萬物，其在人者，又如此。」〔註20〕此段用語意指，人類所具備之五種常則，亦即價值標準，是來自對外物有所感而產生的，換言之，不論五常之具備是先天抑或後天的，其具體顯發於人生之中，乃是經由對萬物有所接觸、有所感知而呈現出來的，是由主體與客體間之互動關係所產生的，至於陽善或是陰惡，此則無關於理性認知，是屬於價值訂立，是則爲「類分」。至於五常之所以爲性，所以成爲分殊之價值標準，其根源亦在於二氣五行之內在具存與運作於人，於是至此，天地之生發過程，便與屬於價值層面追求之人生論產生了直接之關係。由於《太極圖說》具備了對宇宙化生歷程，與人生論中以價值之訂立來主導人事兩部分之探討，是故朱子將屬於價值問題之人生論根源，接續至宇宙論之作法乃可以接受的，至於朱子以「陽善陰惡」來解釋「五性感動而善惡分」一語之用法，則是值得商確的。觀周子此段用語下接著言「萬事出矣」之先後關係，當與前段「乾道成男，坤道成女，二氣交感，化生萬物」之次序有著接續之關係，因而此處善惡之分不可比附於陰陽之能，而當釋爲五常之性發揮於人事時，所呈現出之價值判斷，因此善惡不當視爲價值原理、或原則之先天自存，而當視爲價值判斷之完成，如此方能接續其下「萬事出矣」，亦即經由價值判斷而發展出具體行動之義。朱子

〔註17〕《周子全書》卷二，頁19。
〔註18〕同註17。
〔註19〕查通書第十二章及第三十二章。
〔註20〕同註17。

以五性、善惡比附於五行、陰陽，於數上雖可加以圓說，然而卻會悖離太極圖所欲表現之上下先後之理論關係，此乃朱子論點較為疏陋之處。此外，周子所論之五性，若接續至《通書》內容來看，則亦非指仁義禮智信五種常則，而是指出人類具有能行使剛善、剛惡、柔善、柔惡，以及中節之行之能力，這些潛能都是先天的，端賴如何加以運用，因此五性並非指價值原則之訂立，而是一項事實之陳述，除非有感而動，否則所謂善惡，亦只是對於性質之描述，而非價值判斷之成立。關於此一問題，本文將於下一節人性論中加以深入探討。至於《圖說》最後，周子又接續聖人定常則之意義與價值，並及〈易傳〉天地人三才合一之思想，此則為自然與聖人間道體合一之說明。

二、周子與張載宇宙論之比較

　　研究張載與關學頗負盛名之學者陳俊民曾指出，《宋明理學》雖有濂、洛、關、閩等學派分別，然大體而言，皆為致力於改變自秦漢以來，由於只重章句訓詁而忽略義理之心態，以及唐宋以降，由佛道所發展出之別有無、異體用之生命態度，此二者所形成之因過份注重實用而忽略義理，或過份執著於無之真體而走向唯心路線，漠視現實之發展，因此轉而走向理想與現實統一，天與人合一之路〔註21〕。就此而言，周子無極與太極之分，雖因因襲道家之用語，難免又再予人以落入有無分立舊說之印象，使無極與太極具有時序之分，然而觀周子將發生之動能放於太極之上，僅以「真」來表明無極之非虛妄，卻以「精」來形容陰陽、五行之精純與極至，則無極與太極間並不具備生發之關係。再者，周子又以無極並二五之妙合而凝來說明化生萬物之原因，則其確有合有無於一之意，只因用語之不當，致使無極與太極難以完成內在之一致性，並使其後欲接續至人生，以達成天人合一之目的無法得到完美之結果。至於張載，則因以氣之幽明來說明有無，不但使有無具備了內在之一致性，由有破解了無之真體義，亦使其所言之太虛雖具有形上之超越義，卻能於氣之一致性下，不致成為一空洞之形上實體，並能於完成其內在於萬物之歷程中，達到體用一源、有無同一之目的，藉此奠立其天人合一人生論之基礎，就此而言，張載學說之邏輯性，較諸周子是更為周詳與完備的。

　　周子無極與太極所論雖為同體，但因具階段性之分別，因此不能與張載

───────────────

〔註21〕 參考陳俊民，《張載哲學與關學學派》，頁 72～79。

太虛與太和之分並言。張載雖以太虛表明了氣之超越於外，但卻賦予氣以能動之必然性，以及與萬物間之內在一致性，換言之，太虛之具存，乃表現於萬物形器之間，不可脫離形器而言太虛，至於周子之無極，則由於過度強調其宇宙之原真，又與太極分言，使其內在之能動性完全落於太極之上，是故其存有雖超越於物外，卻無法接續於萬物之中，雖有無極二五妙合而凝之說明，卻不足以表明其與萬物間即體存有之關係。至於太和，則主要在說明生發之殷始，以及其合異以成一之目的性，可謂立基於太虛所行之目的性活動，就此而言，則又較周子太極之下，即論陰陽、五行與化生萬物，多了份統一性與目的性之強調。整體看來，周子之太極圖雖顯示了宇宙演化之程序，完成了一動態之宇宙論，卻無法進一步成為一價值宇宙論，此皆因周子過份分別無極與太極，又無法說明無極如何由一原真之狀態，成為一主動不已、生發萬物之來源，致使二者由論理之分別，產生為體用之相異，是故仍無法內在結合有無，無法由形上學發展至本體論。因此其後雖將人生論之內容接續至宇宙發展過程，卻無法將二者間之關係發展為內在根源上之關係；換言之，其所謂之「人得其秀而最靈」，亦終將限於智識上之超越萬物，而無法成為本質上便具備如大化之完成其體般，完成以生生為目的之價值追求活動，亦即無法於根源上，將理想與現實之一致性加以指出之故。

此外，周子與張載雖同於太極之下立陰陽之相異性，但由於張載以太和之統合來做為陰陽於絪縕相盪、前後往來過程中所具備之原則，又以參天兩地說中之「參」，來說明相對待之兩者，必然完成於統一完整之中，因此能於辯證當中，將動態之過程加以指出，亦使宇宙之發展不再限於事件積累，而具有歷程之意義，使時間與空間得以完全結合，不再限於分立之狀態，此乃張載學說之特色。至於周子，則雖未能指出陰陽二者互動必須完成於一，亦即必須於統一之狀態下完成其互動之目的，然而其「互為其根」之思想，則指出了陰陽並非絕對對立之二體，相反的，乃本質相同，僅具不同之表現方式，可謂藉老氏用語，發揮《易傳》「陽卦多陰，陰卦多陽」思想之處。然而，由於周子對宇宙運行方式所採之觀點，同其無極、太極之分立般，乃一先後之關係，如「一動一靜」、「陽變陰合」，繼之五行、男女、萬物化生及生生無窮等次第，是以發展出特殊之直線的時間觀；換言之，宇宙之延續過程中，雖然每個階段都與其前後之發展有著密不可分之接續關係，但亦具備了獨立及不可取代之特性，此又與張載藉氣往復於幽明不已所形成之循環式時間

觀，呈現出不同之表現形式。

　　整體而言，周子結合宇宙與人生兩大論點之目的，與張載乃相同的，只不過由於周子以無極有別於太極，是故其所形成之宇宙論，乃成體用分立之結果，因此無法從此一分殊之關係上，進一步發展出天人合一之論點。至於張載，則透過氣之統一性，使宇宙之進展呈現出本體內在發展之過程，因此為天人合一之論點提供了良好之基礎。其次，對於陰陽之論述，二者亦採取了不同之方式，周子從陰陽之相異角度，發展出一動一靜、陽變陰合之論述觀點，可以說是從分別之觀點，來看待動態歷程中各個階段獨立不可取代之特性，故而由此發展出直線式之時間觀。至於張載，則從和之立場來看待陰陽彼是相因之關係，是故強調的是由陰陽二者運作所達至之和的境界，因此於異至和中呈現出有，再由有之消解復歸於無（亦即相異之陰陽二氣）之過程中，便形成其循環不已之時間觀，雖然此循環過程非為圓圈式之表現，而是在循環之中，另有機變，但和周子比較起來，則呈現出完全不同之表現形式。由天人間之關係，以及對時間之看法可以得知，周子之宇宙論基本上屬於形上學之範疇，仍無法擺脫體用分立之立場，而張載之宇宙論，則進一步發展為本體論之規模，將宇宙之發展視為內在自我推動完成之歷程，是故就接續先秦儒學天人合一之立論而言，其理論結構是較周子更為適切與完備的。

第二節　周子人性論與張載人性論之比較

　　除以上所論《太極圖說》之外，周子尚著有《通書》一書，內容乃根據其對《周易》之理解發展而來，故又名《易通》，其中包含著周子對人性與涵養之見解。周子人性論之開展，乃始於其對「誠」字所做之說明，亦終於「誠」之境界，而其涵養之完成，則必須含括於誠之實踐過程當中。在張載哲學體系之中，「誠」被賦予涵養之意義，是人類透過自省與自我肯定，所成就之價值完成。然而在周子學說體系中，誠則具備了客觀之存在價值，是普遍的、永恆的，為人道與天道得以銜接之關鍵，因此可以說《通書》全文之理論結構，乃開始於誠，最後亦完成於誠。然而正因周子將天人合一之基礎，放於此一純然客觀之存有，忽略了人類內在所具備之自主性對於涵養所起之重要意義，是故雖然他不斷強調涵養之重要，亦肯定人具擇善之能力，

卻由於未能將求取德性發展之根源建基於人，因此始終無法真正開展出人類道德活動之當然性，此乃周子人性論之最大缺失。

一、論「誠」之異同

前文已指出，周子人性論之開展，乃建基於其對誠之定義，至於誠之內涵，他曾於《通書》首章中指出：

> 誠者，聖人之本，大哉乾元，萬物資始，誠之源也。乾道變化，各正性命，誠斯立焉。純粹至善也。故曰，一陰一陽之謂道，繼之者善也，成之者性也。元亨，誠之通，利貞，誠之復。大哉易也，性命之源乎。

首先，這一段話指出，「誠」並非指宇宙論中所論之純粹形上實有，亦即非指那左右萬物化生，具備生能之超越存有，而是有所根據、有所來源的，至於其來源則為能產生變化，賦予萬物得以成形，使物物各具分別，各具其理之乾元。其次，「誠」雖來自乾元，卻非為物，非具體之存有者，而是超越形象之上，屬於形上範疇之純粹至善，由此可知，它是屬於價值領域之存有，而非宇宙論發展下之存在，是故凡元亨利貞等價值定位，皆可視為「誠」之表現與發展，而其所彰顯之價值取向精神，則為聖人定位之標準。由周子對「誠」之說明可以看出，「誠」所表彰的是價值領域中最終之目的，也是最高之價值，至於其內涵，則是來自於天地創發不已之精神；換言之，「誠」雖為人道之表現，卻又承襲了天道之精神，因此乃人道與天道得以契合之關鍵，又因其承繼天道生生不已之精神，因此乃普遍的、永恆的。《通書》第三章中曾言：「誠無為，幾善惡」，朱註云：「實理自然，何為之有，即太極也。」意指誠即太極，即宇宙最高之至理，乃本然具有，故以無為來言其形上超越義，以及最終至理之義。然而由於朱子所秉持乃「理一分殊」之立場，於解析此段文意時，亦按照此一立場來加以說明，是故難免曲解了周子為文之立意，由「誠無為」下接「幾善惡」一語，作者以為此句之意，無非指「誠」所具備之普遍性意義，是從超越個人私欲，不具立場之特性言，是從價值之全體周備立場來加以論述；至於一念之動，因為牽涉到接下來之具體行為，是故循之與否，便產生出善惡之相對價值判斷。「誠無為」與「幾善惡」，雖然有著從屬之相關性，實際上乃透過二者之對比，來彰顯前者之唯一、普遍與絕對性。周子雖未曾明指「誠」合天道與人道之特性，但由其承乾元之性，

與此處明其爲價值所由則可看出，其欲以「誠」爲上承天道，下開人道之可能用心，故其於第四章又言：「寂然不動者，誠也。」正因以天道爲其準，故能超越事象，不受人事變幻之影響，具備永恆之特性。

由以上之論述可以得證，周子所體現之「誠」乃具備了永恆與普遍性之至善本源，是人道與天道得以接合之處，亦即爲人道得以契合天道之可能所提供之預設，因此爲一切行爲規矩之所憑。《通書》第二章中所指「誠，五常之本，百行之源也。」即以之爲人類一切道德標準之依歸，而繼之「五常百行，非誠非也，邪暗塞也。」亦將其於價值領域中之唯一性與本質性意義表露無疑。至此，周子已確立了「誠」於人性論中之意義，繼之要解決之問題，即人類如何立基於此一可能之基礎，來完成人道與天道契合之工作。對此，周子提出了其由誠至化之論證過程。《通書》第三十五章中曾指出：

> 至誠則動，動則變，變則化。故曰，擬之而後言，議之而後動，擬
> 議以成其變化。

此段話之前半段指出了誠與變化間之關係，暗示出誠最極致之發展，亦可謂最終之目的，即在於能動，而能動則能生變，變又爲化之前題，是以至誠能化，周子欲取《中庸》「唯天下至誠爲能化」之過程，做爲形上至善與人事相結合之內在必然性，而《易》「擬議以成其變化」之說明，正指出此內在必然性之暗合人事。是故雖朱子注曰：「中庸、易大傳，所指不同，今合而言之，未詳其義。或曰，至誠者，實理之自然，擬議者，所以誠之之事也。」然若能自誠具備天道人道合一之可能性來看，則此段與上下文句於周子思想體系中，實具備內在之一致性，換言之，由天道轉換至人道之可能，本即內含於誠之內涵當中，因此只要能立此當然義之誠爲最高價值標準，則必能開出屬於具體事功之人事。

周子誠之具體變化之功，確立了天道與人道合一之可能後，於是進一步由此推出涵養之意義，《通書》第三十二章中曾表示：

> ……是治天下觀於家，治家觀身而已矣。身端，心誠之謂也，誠心，
> 復其不善之動而已矣，不善之動，妄也，妄復，則無妄矣，無妄，
> 則誠矣。

周子將《大學》修身、齊家、治國、平天下之外王歷程應用於其思想當中，將事功成就之基礎倒推至一心之運作，並將心視爲實現誠之價值取向之官能，故使此心具備了行使價值活動之作用，然後再由此心之復不善之動，亦

即扭轉不合於理想之行止活動，改變外在行事，此即誠之精神表現，亦為《通書》三十一章中所載：「君子乾乾不息於誠，然必懲忿窒欲，遷善改過，而後至。」所示之涵養過程，提供一內在基礎。是故誠如前文所言，周子所論之誠，可以說起始於人性論，而終於涵養論，視誠為人類得以從事價值自覺活動之主要來源。

由周子對誠之說明可以看出，其所論內容與張載所言之誠有著極大的不同。首先，張載雖於論誠之時，同時提出了屬於宇宙論範疇之天道歷程義，與屬於人性論範疇，人類激發自我潛能，完成自我存有意義雙重價值，然此二種不同領域義之得以同時具足於一體，則完全在於人類具備了上反「天地之性」之能力；換言之，張載是藉著人類獨具之天地之性，結合了宇宙論與人性論兩大範疇，是透過「性」之確立，使天道與人道得以互相結合，此亦即本文於緒論中所言，其賦予宇宙論以價值內涵之所由。因此只要是人，皆具備了契合天人之能力，而整個契合過程，即可以「誠」來加以涵括。至於周子，雖然自乾元處確立了誠之價值形上義，使誠具備了創發之精神，又由其內在必然契合天人之道之本質處出發，轉自人類價值心之開展來彰顯其精神，同樣結合了宇宙論與人性論兩種不同範疇，然而由於其並未進一步對此項價值追求活動得以開展之基礎加以說明，換言之，並未自人性處指出人類價值我成就之可能，是故陷涵養於外鑠之工作，而非發自內在自我要求之應然表現。雖然周子曾於《太極圖說》中指出人乃得天地之秀而最靈者，故能秉二氣五行之神而發展出特殊之價值活動，然而並未能於人性論中進一步完成此一觀點，自人類如何可能去從事價值追求此一思想脈絡發展，反而自純粹之理（亦即誠）處來加以推演，並藉心之具備感知能力處，推出誠心自能身端、家齊、國治之結論，因此使得涵養之要求僅陷於知性層次，而非合感性與知性雙重意義之價值活動，換言之，一切德性要求皆出自理性活動之結果，而非發自內在之渴望，亦即無法說明理性之知如何得以轉換至德性之知之過程。此亦即周子不斷強調師友、師道，以為「人生而蒙，長無師友則愚，是道義由師友有之。」（《通書》第二十五章）並將德性之完成視為至難，提出「天地間，至尊者道，至貴者德而已矣，至難得者人，人而至難得者，道德有於身而已矣。求人至難得者有於身，非師友不可得也矣。」（《通書》第二十四章）論點之所由。是故可以這麼說，周子雖然於太極圖中指出了人類具備了從事德性追求之可能，但並未自人類本質進一步說明此一立場，亦即

未能充分意識到德性開展乃屬於當然，反而眩惑於其非必然之性質，轉而自其結果之難以成就處言，因此開出師法之化等外鑠歷程之論點，此乃周子與張載最大之不同。

作者曾於前文論及太極圖時提及，周子雖致力於溝通天人與有無間分立之問題，然而由於無法自其內在之一致性加以說明，因此始終無法開展出有無一體，天人合一之結果，此一困境亦同樣出現於其人性論之中。由於周子無法自人之角度來詮釋德性活動之意義，因此使得人類雖於秉天地至精此義，發展出活動之基礎，卻無法自發的開展出德性之知，而必須仰賴外在力量去加以推動，換言之，由天地處承受而來之靈秀，又喪失於「誠」之立意當中，再次將德性要求還給了純粹形上至理之自我完成，而非人類之自我成就。因此雖然周子與張子同樣提出了「誠」之要求，卻由於對德性之義呈現不同之立場，因此開展出之德性之知亦呈現出外鑠與內具兩種不同之結果，此為研讀二人學說之時不能不加注意之處。

二、論「性」之異同

由於對德性之知之理解，無法透過人類自身價值意識之覺醒來加以具顯，因此周子於處理其它相關之人性論問題時，亦無法自應然之角度來加以開展，而往往只局限於對現實世界所呈現出之情形，提出較為表面之說明，這種情形首先出現於他對「性」之解說上。周子《通書》第七章中曾記載了他對於性之見解，全文如下：

> 或問曰，曷為天下善。曰，師。曰，何謂也。曰，性者，剛柔善惡中而矣。不達。曰，剛善為義、為直、為斷、為嚴毅、為幹固，惡為猛、為隘、為強梁，柔善為慈、為順、為巽，惡為懦弱、為無斷、為邪佞。惟中也者和也，中節也，天下之達道也，聖人之事也，故聖人之立教，俾人自易其惡，自至其中而止矣。故先覺覺後覺，闇者求於明，而師道立矣。師道立則善人多，善人多，則朝廷正而天下治矣。

此段用語之中心主旨，原在於說明師道之重要，然藉由此一立論所引申出之人性論，則顯示出周子是從現象觀察當中，歸納出其結論。由其以剛柔善惡來敘述人性之內容可以看出，他是抱持善惡混說之立場，認為人性當中本即具備了善與惡雙重特質，是故朱注曰：「此所謂性，以氣稟而言也。」指出周

子乃自已然之情境去解釋人性所呈現之樣態。然而繼剛柔善惡之後，周子卻又提出了「中」之觀念，且不但以「和」及「中節」來闡述其所賦予之內涵，更許之爲「天下之達道」與「聖人之事」，是故於探討周子所論性之內容時，便不得以「氣稟之性」來概括其義。首先自「中」所呈現之內容加以探討。朱子對「中」曾有如下之說明：「太極之數，自一而二，剛柔也，自二而四，剛善剛惡，柔善柔惡也，遂加其一，中也，以爲五行。此性便是言氣質之性。四者二中，去卻剛惡柔惡，卻於剛柔二善之中，擇其中而至主焉。」文中是將「中」視爲與剛柔善惡同一層次，乃承襲五行精義發展而成，而就周子之學說來體系來看，朱子以五行比配此五者乃十分貼切的。周子曾於《太極圖說》中指出「惟人也，得其秀而最靈。形既生矣，神發知矣。五性感動而善惡分，萬事出矣。」文中所指五性，即是《通書》中「剛柔善惡中」五者，此五者原是對人類氣稟所做之敘述，只具有性質義，尚未牽涉到任何價值評斷，必須待五性有感於太極之至善，並發而爲具體之價值判斷時，此時善惡之分方得以成立。因此五性中無論是剛善剛惡或柔善柔惡，基本上只是性質義之運用，不論其爲義、爲隘、爲慈、爲邪佞，都代表了人類具有片面、不周全，或過度發展其秉受自天地陰陽，所具之對反但互成能力之可能性。至於「中」，則說明了人類除了上述之各項可能外，同時又具備了綜合統一，能適切、合宜的運用其天賦能力之可能。此項可能之潛能，透過《太極圖說》所謂之「五性感動」，亦即透過一心之運作，接受天地生生不窮之正理，並且於「善惡分」之具體判斷中凸顯了出來，成爲聖人立教之內容。透過以上之分析可以看出，周子《通書》第七章中對於「中」之定義，實包含了兩個層次：就其與剛柔善惡並稱爲五性而言，「中」僅代表一種統一、協調之能力，與其它四種情況同爲人類所具之潛在能力，是屬於心理層面之描述，並不涉及任何道德意識；至於成爲「天下達道」及「聖人之事」之「中」，則必須透過「感而應動」所呈現之接受一先在價值體系，再行其判斷活動，此一階段方得以顯現，亦即必須透過善惡分立過程後，方得以成就的，因此具備了向外接受價值導向之意義，也就是人能接受指導，得以「自易其惡，自至其中」，將不善之舉，轉化至較合理之方向加以發展之意，換言之，即《太極圖說》中聖人所定「中正仁義」之簡化。

由於周子將「性」限於已然層面之描述，因此使得能從事道德活動，具備德性價值之「中」，成爲與其它能力並列，具備了反省意識與感性要求成分

於內，卻因自一已然之角度加以抒發，無法開出道德活動中之當然性意義，而此即周子無法開展出自發性德性活動，必須仰賴外在師法之化加以牽引之原因。張載由於賦予性以內在價值要求，透過心之認知活動，再藉宇宙論之理論基礎，因此能使回返天德，對宇宙運行發展之理行使理性認知之活動，擴展爲德性之知，成爲行爲舉止之依循方針，達到天人合一、感性與理性合一、以及知與行合一之境界。至於周子，雖則並未否認人性中具有從事價值活動之能力，卻並未將之視爲出於內在自覺意識之醒發所產生之自我要求、自我完成活動，反而從人類生而爲蒙之角度加以發揮，因此他講求師法之化，肯定善用刑事之價值，認爲「天以春生萬物，止之以秋。物之生也，既成矣，不止則過焉，故得秋以成。聖人之法天，以政養萬民，肅之以刑，民之盛也。欲動情勝，利害相攻，不止，則賊滅無倫焉，故得刑以治。」雖以四時運轉之性質來說明刑罰之施之有據，然其根源仍在於無法肯定人類具有追求理想、從事具價值性活動之當然傾向，故以爲人易因「欲動情勝，利害相攻」而致「賊滅無倫」，必待外在之規範來加以制止，如此方能導民於正。周子對於德性之知來源之看法，《通書》第二十五章足堪爲其代表，其文曰：「道義者，身有之，則貴且尊。人生而蒙，長無師友則愚，是道義由師友有之。而得貴且尊，其義不亦重乎，其聚不亦樂乎。」而其與張載論「性」之異，其實少在於外化與內發論點上之不同罷了。

三、其他人性論問題之比較

除卻「誠」與「性」兩大人性論論點之外，周子尚有「幾」及「思」等重要觀念。《通書》第三章曾指出：「誠無爲，幾善惡。」認爲善惡之分在於「幾」，關於幾之意涵，朱子曾如是說：「幾者，動之微，善惡之所由分也。蓋動於人心之微，則天理固當然發見，而人欲亦已萌乎其間矣，此陰陽之象也。」按照朱子之說法，「幾」所代表的，乃人類價值體系已然建立後，能否按照此一原則指導去加以行動之關鍵，換言之，幾是指動機，行動前之企圖、或目的之意，如果此一企圖乃追求理想性價值的，則爲善，如果其目的在於滿足個人之私欲，則爲惡。如果人類之行爲僅僅是按照生理之需要而加以行動，則其行爲並不牽涉到善惡問題，只有當人具有價值觀念，具有行使價值判斷能力之後，其行止方牽涉到善惡，是故朱子謂幾者，乃介於天理發見與人欲之萌二者之間，視善惡決定於動機，而非結果，正合《通書》第四章「動

而未形，有無之間者，幾也」之論點。觀周子對於「幾」之說明可知，其所謂之善惡價值判斷，即決定於動機上是否能循正理而行，因此意念所出即決定了其行為之價值。雖然周子將德性之知之來源，歸結於師法之化，但並未否認人具有接受此項教化，並能循之用於日常生活中之能力，他即曾指出：「聖人之道入乎耳，存乎心，蘊之為德行，行之為事業。」（《通書》第三十四章）能入乎耳、存乎心，又行之於事業，此即證明人能消化自外獲得之正理，並發為德行，亦即人能自外在教化得知「中行」之價值，故能行其五性中之「中」，於動機上即擇之以行統合、協調之能力於具體行動之中，此即「幾」之意義，因此「幾」雖代表著善惡之決定關鍵，實際上則具有擇善、求善之正面取向。至於如何發揮「幾」之關鍵性意義，如何具體落實其正面取向之價值，則必須透過周子論「思」之內容來加以獲知。《通書》第九章有言：

> 洪範曰，思曰睿，睿作聖。無思，本也，思通，用也。幾動於彼，誠動於此，無思而無不通，為聖人。不思，則不能通微，不睿，則不能無不通，是則無不通生於通微，通微生於思。故思者，聖功之本，而吉凶之幾也。易曰，君子見幾而作，不俟終日。又曰，知幾其神乎。

首先，此段用語意指，思非指理性認知，亦即非為經驗性知識獲得之活動，若根據〈洪範〉之解釋，則思是智慧之意，亦即能以最少之經驗，將之運用於生活之中，達到最完滿之意，而所謂滿意之結果，則是出自肯定之價值判斷，因此「思」乃行其價值善之能力。就此一價值體系得以成立之根源，亦即天地運行之原理、原則來看，並不涉及價值問題，因此謂之「無思」，然經過價值意識活動完成之後，亦即德性之知完成之後，若能將之應用於生活之中，則必能成就長遠之利益，此即思通為用之義。若能行價值自覺活動，並因而觸及形上至善，將之用於日常生活之中、以之為矩度者，此即為聖人。是故，若不能行價值自覺活動，則不能對全體有通盤之認識，亦無所規劃，自然行事上牽牽絆絆，無法得到長遠之利益。由是可知，思，亦即價值體系之建立，或謂之行使價值活動之自覺，實為聖人功業之所憑，亦為吉凶等價值判斷所依恃之關鍵。是以易曰「君子見幾而作」、「知幾其神乎」，其背後依據，皆在於能思，能從事價值反省之活動。

由以上之論述可以看出，周子所論之「幾」與「思」，其本質旨皆為價值追求之活動，只不過就其動機介於善惡之間，具備了價值性意義而言，稱之

為幾，就其必待有意識之自覺方得以獲致而言，則稱之為思。就價值意識之
啟發決定了價值活動性質而言，周子之立論與張載並無太大不同，所不同
者，張載雖將價值體系、或謂之典範之獲致，交付與大人及聖人之成就，然
對於價值自覺，則視之為人類內在當然之具，是出自人人自我內在要求，乃
發自感性之敦促，力求自我得以於此發展、完成的，與周子自聖功著眼，完
全透過聖人立教、立法來推動人們去加以實踐，是有所不同的。此外，周子
將善惡之判斷置於動機之上，此處亦與張載所論有所出入。由於張載十分著
重現實世界之具體發展，因此雖然並未真正發展出科學性之認知活動，卻十
分重視環境與個人或團體間之互動關係，是以對於善之說明，除在於目的上
之預設、或謂之動機外，更在於其具體結果是否能達到此一目標，換言之，
他更注重具體的表現方式，將方法與結果，同樣視為善之完成之工具，也因
此他賦予禮以更為活潑之意義，使之能隨著時空之轉換而調整其內容，不但
具備了理想價值、或謂之典範之形式，同時更具有歷程性意義。相較之下，
周子僅提出動機善之作法，便過度強調理想價值所具之永恆特性，而忽略了
其表現內容之具有時空特性，是故一切涵養活動，無論是慎動、務實、愛敬
或志學，便成為失卻了自主性之外在附會行動，而難以說明其於心理層面所
形成之影響；換言之，缺乏了來自具體生活之體驗，便使得理想與現實間缺
乏內在共鳴，因而無法使人產生發自內在生命本質之趨向，因而陷理想為過
於高孤之姿態，使人類一切之追求亦成為先驗形式之攀附，而非務實精神之
展現。此論點尚可自周子論禮樂相隨之內在關係處得知，《通書》第十三章中
曾指出：

> 禮、理也，樂、和也。陰陽理而後和。君君臣臣，父父子子，兄兄
> 弟弟，夫夫婦婦，萬物各得其理，然後和，故禮先而樂後。

由理先而和後，禮先而樂後之論點可以看出，其論點之特色在於階段性之分
立，亦即將理之形上存有，與實際運作後所呈現之和，做一先後區分，由此
亦可見其體用、有無及天人等無法合一之一致性。正因理先而合後，因此理
不但於形式上具有論理之先在性，於存有上，亦具備了時間之先在性，於是
和用之間，便無法達致內在之一致性，此亦周子理論建立上最大之缺點。

結　論

　　由周子整個學說之建立可以得知，其與張載一般欲建立一合宇宙論與涵

養論於一身之完整系統，爲先秦以來天人合一之論尋求一形上基礎，是故他捨棄了孟子唯心之路線，結合了易陰陽之說與五行思想，企圖自較爲具體、具較物質義之論點上，先將人類具體生命從根源上與宇宙自然結合，再透過此項合一之基礎，藉由人爲之外在力量，將人道與天道附會。然而由於其所採用之論理方式乃分立的，階段性的，因此無論其論宇宙生發之無極與太極，抑或論人事之剛柔善惡中五性及師法之化，在在都顯示出其體用分立、天人不一及有無相異之立場，也因此使他無法擺脫道家之用語模式，成功的援道入儒。此亦即其論涵養時強調由外化內，無法由內自行開發之因，至於「陰陽太極」、「陰陽互爲其根」之見解，以及人性論中以「誠」爲最高價值，並具備了創發之內涵，這些論點則與張載有異曲同工之妙，可謂爲同時代之人，思想相互激盪所產生之共同見解。

第五章　張載與程伊川思想之比較

生　平

　　程頤，字正叔，世居中山（舊直隸津海道西部之地）後遷河南，生於宋仁宗明道二年（西元 1033 年），卒於宋徽宗大觀元年（西元 1107 年）﹝註 1﹞，享歲七十有五。仁宗慶曆年間，年方十四、五歲，與兄伯淳，因聞濂溪之學，遂慨然有求道之志，因此張載謂其「脫然欲學聖人」。皇祐三年，年十八，上書闕下，勸仁宗黜世俗之論，以王道爲心。之後，於遊太學時，因胡瑗以「顏子所好何學」爲題試諸生，先生因此以求道爲旨，發爲議論曰：「學之道必先明諸心、知所養，然後力行以求至。所謂自明而誠也，誠之之道，在乎信道篤，信道篤，則行之果，行之果，則守之固，仁義忠信不離乎心，造次必於是，顛沛必於是，出處語默必於是。久而弗失則居之安，動容周旋中禮，而邪僻之心無自生矣。」﹝註 2﹞安定得之大驚，遂延見並處以學職，同學呂希哲因嘆服其才而以師禮事之。然而雖則先生才高，大臣們亦屢屢薦之於上，卻一直不獲上主垂愛，直至哲宗臨政，先生已年逾五十時，方因司馬溫公及呂公著之薦，獲昭以爲西京國子監教授，因先生力辭，故尋召爲秘書省校書郎，既入見，又擢升爲崇政殿說書，自此數年，伊川便於哲宗身旁，盡其所能的陳述君道與輔養之道。據《宋元學案》所述，其進講時，非僅容色莊嚴，每以諷諫矯人君之非，且於進講前，「必宿齋豫戒，潛思存誠，冀以感動上意」，

﹝註 1﹞ 伊川生卒之年乃參考繆天綬選註之《宗元學案》、《伊川學案》，及賈虎臣編著之《中國歷代帝王譜系彙編》二書。
﹝註 2﹞ 見《宋史》四百二十七卷，〈列傳〉，卷第一八六，〈道學一〉。

由此可見其「本於至誠，見於言動事爲之間」之精神。由於伊川言事出於至誠而無私，是以君上對其所言亦多半從之，然因某次哲宗以瘡疹未曾仕朝，伊川以「人主有疾，大臣可不知乎？」質問當朝宰相，是以引起不少大臣之不悅，復又因門人賈易、朱光庭以門戶之見合力攻訐蘇軾，遂致「兩家門下迭起標榜，分黨爲洛蜀。」，因此招致胡宗愈、顧臨等人之詆毀，再加上孔文仲亦受人所使，奏其爲「五鬼之魁」，先生於是出管勾西京國子監，自此以後便不曾再仕於君上左右。關於孔文仲彈劾伊川一事，事後呂公著曾指出：孔氏「性本伉直，然蠢不曉事，爲浮薄輩所使，以害善良。晚乃知爲所紿，憤鬱嘔血，以致不起。」〔註3〕由此可見仕途之詭譎。

伊川於國子監任久，於是又加直祕閣，但因先生力辭，致使監察御使董敦逸以爲其有怨望之語，因此而去官。哲宗紹聖中，伊川因黨論削籍，被判涪州（今四川涪陵縣），由李伊洛負責遣送，催促之急，就連伊川想入內拜別叔母，亦不被允許，因此可見當時境況之悽然。後徽宗即位，徙之峽州（今湖北宜昌縣），並復其官職，不過三年，不幸又於崇寧二年時，以尚書左丞范致虛言：「程頤以邪說詖行，惑亂眾聽，而尹焞、張繹爲之羽翼。」所誣而奪官。至崇寧五年，復以宣議郎致仕，然不過一年，次年九月庚午，即以七五之齡卒於家中。

綜觀伊川一生，雖亦曾仕於當朝，但因職務所限，故實未曾具有任何實務經驗，且其致仕之時，又已年過五十，前半生幾乎全用於講學，因此其學說之特色除在於析理條暢之外，尚具有傾向於形上理念發揮之特性，由其門人曾進言：「先生平日所學，正今日要用。」伊川以「道著用，便不是。」答之，便可見其理想精神張揚之特性。再加上伊川本人言動事爲必有所本，出於至誠，於是便有人醜化他，謂其「匍匐以吊喪，誦孝經以追薦」。實則伊川爲人「衣雖布素，冠襟必整，食雖簡儉，蔬飯必潔，致養其父，細事必親。瞻給內外親黨八十餘口。」誠然與一般人並無兩樣，只不過更多了份虔敬之心罷了。伊川雖少年即致於道，欲法聖人而有所爲，然終不用於當世，是以轉而發憤著書，他曾表示：「今農夫祁寒暑雨，深耕易耨，播種五穀，吾得而食之；百工技藝作爲器物，吾得而用之；介冑之士被堅執銳，以守土宇，吾得而安之。無功澤及人，而浪度歲月，晏然爲天地間一蠹，唯綴緝聖人遺書，庶幾有補爾。」並因此注《易》、《春秋》傳於世。由於其著作豐偉，影響當

〔註3〕見繆天綬選註之《宋元學案》，〈伊川學案〉之註七。

代及後世甚巨，因此除於寧宗嘉定十三年，賜諡曰正公外，復於棄世一三四年後，於理宗淳祐元年（西元 1241 年）時，追封伊川伯，從祀孔子廟庭，此亦即世人尊稱其爲伊川先生之由來。〔註4〕

第一節　伊川宇宙論與張載宇宙論之比較

與張載易學相較，伊川易學中之宇宙論並不強調氣之重要性，雖然其並不否認「氣」於宇宙形成過程中之必要性，然對於伊川而言，氣僅具備活動之性能，至於活動時所依據之原則，以及活動之目的，則必須透過「理」及「道」來加以理解；換言之，張載易學中那澈上澈下，統形上之理與形下之器於一，具生生不已之內在動能之「氣」，在伊川易學中已不復見。透過伊川對《易傳》之論述，宇宙之整體運作乃環繞著「道」而漸次鋪陳、開展，不論是言乾坤，或是言理，所述皆不脫「道」之統籌，因此「道」不僅爲宇宙生發之所以，亦爲萬化進行之最終目的。伊川曾指出：「天地者，道也；造化者；鬼神之跡也。」〔註5〕道雖爲天地之所出，卻不可與涉於形跡之造化混，因此「正而大者，道也；極正大之理，則天地之情可見矣。」〔註6〕道乃正大之理，是一個終極目的，唯有擴充此理，並全然的完成它，如此方可謂見天地之情。由道與具於內而成於外之情之對言，伊川賦予道以純粹形上意義乃十分明顯的，此亦即其雖言「天且弗違是也。分而言之，則以形體謂之天，以主宰謂之帝，以功用謂之鬼神，以妙用謂之神，以性情謂之乾。」雖由各種不同之角度來論述天之意義，但同時又指出「夫天，專言之，則道也。」〔註7〕視道爲天之最具體精神。是故，伊川所謂之「道」，與張載那指陳宇宙生發整體歷程之「道」，是有所不同的。此外，透過伊川對陰陽之解釋偏向於純粹之用，以及對理之重視則可以看出，其論說之特色即在於清晰明判的規劃出形上、形下之範疇，因而道雖主掌宇宙運轉之樞紐，卻是屬於純粹形上之理，不涉及任何運作，因此在張載易學中充斥著兼容形而上下之精神，在伊川易

〔註 4〕　以上所述內容與所採之引文，凡未曾註明出處者，皆出自《宋元學案》，卷十五及十六之〈伊川學案〉，與〈宋史道學列傳一〉。

〔註 5〕　此處引文乃採自中華書局印行之《二程全書》，冊二，〈伊川易傳〉，卷一，頁8。

〔註 6〕　《二程全書》，冊二，〈伊川易傳〉，卷三，頁 12。

〔註 7〕　《二程全書》，冊二，〈伊川易傳〉，卷一，頁 1。

學之中是不復存在的，取而代之的乃有秩序的規劃，以及不容取代之特色。在接下來之討論中，本文即將針對伊川對道、乾坤、太極與理之論述分別加以探討，並由此引申出其所謂陰陽爲用、質文並具、以及取二損三之內容與意義，以期能於說明之中見其與張載學說同異之處。以下分別說明之。

一、道、乾坤與太極之義

　　誠如前文所言，伊川對道之看法乃純粹形上的，並不涉及任何可以聞見知之部分，然而其雖爲天地萬物之首出，卻並非以創生之方式開展宇宙，而是以內在於萬物之中方式來推動宇宙之運轉；換言之，萬物之產生實即道自身之開發與成就，表現於外的，固有現象界森然羅列之殊種異類，然究其實質內容，則爲其本然存有目的之完成。因此可以說，伊川是採本體論之觀點來鋪陳其宇宙論內容的，而道正是整個理論結構之中心。爲說明道之開展性與目的性，伊川因此透過乾坤、太極以及理等不同角度，來分別加以說明。

　　關於乾坤，伊川與張載般同樣採取了兩漢以來所持之乾坤六子說，將乾坤視爲諸卦之首出，而並非與其它諸卦具備對等之意義。他曾藉賁卦卦變所由指出：「卦之變，皆自乾坤。先儒不達，故謂賁本是泰卦，豈有乾坤重而爲泰，又由泰而變之理。下離，本乾中爻變而成離；上艮，本坤上爻變而成艮。離在內，故云柔來；艮在上，故云剛上。非自下體而上也。乾坤變而爲六子，八卦重而爲六十四卦，皆由乾坤之變也。」〔註8〕因此卦變所顯示出的，雖爲每一階段、或時位之不同，然而變化本身並非是毫無目的的，而是統攝於乾坤之下，以彰顯出乾坤自身開展之精神。換言之，卦變只是一種方式、手段，其所顯示之意義，必須透過乾坤之統疇方得以具顯。是以伊川指出，前人僅注意到階段與階段間之銜接過程，卻忽略了一切變化皆爲乾坤自我展現之過程，因此乾坤方爲一切意義之所出。透過此一立場，伊川進一步藉卦序之安排，來鋪陳其乾坤並主之見解，他表示：「乾坤，天地之道，陰陽之本，故爲上篇之首。」〔註9〕乾坤所顯示的，不僅有所以然之本源義，更包含天地之道具體化之意義於內；換言之，乾坤之運，實即道之表現內容，因此若欲明瞭道所含之內容，亦必自乾坤發用之中加以獲知。關於乾坤之性質，伊川承易

〔註8〕 《二程全書》，冊二，〈伊川易傳〉，卷二，頁27。
〔註9〕 《二程全書》，冊二，〈伊川易傳〉，序，頁3。

之精神指出：

> 萬物資乾以始，資坤以生，父母之道也。順承天施以成其功，坤之
> 厚德，持載萬物，合於乾之無疆也。〔註10〕

這段話意義是指，萬物之所以化生具形，必須仰賴乾坤同時運作方得以成就，而由乾所具備之初始、或萌發精神，以及坤所具備之持載特性則可以得知，乾坤所具備的不僅爲宇宙生成之大能，更含有時間及空間性意義於其中。於是透過乾坤之彰顯，時間與空間便不僅是一種度量單位，或變化與延積另一個代名詞，而是具備了自發之能動性，並能於自我成就之中，同時成就萬物。由伊川對乾坤之論述可以看出，他是自客觀、純粹形上之角度來加以討論的，也可以說，雖然他亦承認萬物出於乾坤之運，卻非立於萬物之角度來看待之，而是從「資」，亦即所以然之立場來說明乾坤之超越性意義，這一點與張載著重於從萬物如何得以化生之角度來闡發乾坤，是有所不同的。是故雖然張載與伊川皆言乾坤有生物之義，然而前者以「乾坤言其用」表明其質，以能具體化生萬物來說明其意義，後者則以「乾者，天之性情」〔註11〕，由理之角度來說明其實質內容。

　　由於乾坤對於伊川而言，是超越於「用」之上的，因此他對於乾坤之理解，便捨棄自「能」之觀點，而改以原理、原則之方式來加以說明。他曾指出乾之本質乃在於「健」，「健而無息之謂乾」〔註12〕，其表現於外者雖爲萬物之始，但就其自身而言，亦不過爲剛健無息之精神。是故「乾始之道，能使庶類生成，天下蒙其美利，而不言所利者，蓋無所不利，非可指名也，故贊其利之大曰，大矣哉。」〔註13〕庶類生成乃爲結果顯示，是乾元展其健動無息精神時所衍生之利益，正由於其目的是在於內在自我之展現，而非對外有所追求，是以無偏私之目的，因而能致無所不利之境界。於此處，「乾始之道」中所謂之「道」，不能理解爲統疇一切之「天地之道」，它是指方式、方法，指陳乾所以表現其健動之方式罷了。至於坤元，其性質即在於配合乾之表現而有所發揮，因此雖然於表現方式上爲順承、爲柔豫，然而其本質亦在於健動。換言之，正由於伊川之宇宙論結構乃以道爲中心，乾坤之發揮，不過是要說明道之內涵，因此乾坤便須具備內在之一致性，不能自本質處劃分

〔註10〕　《二程全書》，冊二，〈伊川易傳〉，卷一，頁9。
〔註11〕　《二程全書》，冊二，〈伊川易傳〉，卷一，頁1。
〔註12〕　《二程全書》，冊二，〈伊川易傳〉，卷一，頁1。
〔註13〕　《二程全書》，冊二，〈伊川易傳〉，卷一，頁7。

爲二，是以雖於表現方式上有乾健坤順之異，然於本質處，則二者皆屬於健動無息精神之發揚。因此伊川於解釋坤卦象辭「牝馬地類，行地無疆」一段時，即曾指出：

> 行地無疆，謂健也。乾健坤順，坤亦健乎？曰，非健何以配乾？未有乾行而坤止也。其動也，剛不害其爲柔也，柔順而利貞，乃坤德也。〔註14〕

正因坤之本質本即與乾相同，因此能互相配合而不相害；亦由於剛、柔乃象乾坤互動時之表現方式，而非本質，因此能統於健動之下而彼此相容，是以伊川以「柔順利貞」爲「坤德」，而以健行爲其精神表現。伊川雖未曾明確表示乾坤所指實爲一體，然由其對健順之釋則可看出，他是於乾坤之中，預設一統疇之「道」，因此能使具時、空不同表現方式之二者，具備了相容而不相害之條件，故能於實現其自我之歷程中，呈現出互相配合，彼是相因之結果。換言之，道與乾坤所具備之特性，具有著本質與現實之意義，因此「道」固然無法離乾坤而言其存有，「乾坤」亦無法離道而言其發展與披被萬物。

藉乾坤之發揮可以得知，「道」具有本質之意，其內容則爲健動不息，因此宇宙萬物之運作、生發，實即此一本質現實之過程，此一論點，尚可由伊川對太極之詮釋中獲知。其言曰：

> 散之在理，則有萬殊，統之在道，則無二致。所以易有太極，是生兩儀。太極者，道也；兩儀者，陰陽也。陰陽一道也，太極本無極也。萬物之生，負陰而抱陽，莫不有太極，莫不有兩儀，絪縕交感，變化不窮，形一受其生，神一發其智，情僞出焉，萬緒起焉。〔註15〕

關於「散之在理」一句，由於牽扯到伊川對於「理」之看法，因此留待下一單元再加以討論。至於「統之在道」，則可以產生出兩種解釋：一爲統理、統會，是基於外在目的一致，所產生出之結合行爲，如果採此解釋，則道將成爲孤立於上，行其統會之實體，且如果目的一旦消失，則由此所致之統一性亦將隨之瓦解。另一解釋則視「統」爲主一，是必須具備內在之一致性，方足以完成之動作，換言之，必須在全體隸屬於同一主體時，才能產生之行爲。如四肢之於身體，雖然彼此有別，然皆爲身體之部分，其動作固受全體之支配，然其表現亦同時影響全體之運作，因此部分表現亦呈現出全體存有之精

〔註14〕《二程全書》，冊二，〈伊川易傳〉，卷一，頁9。
〔註15〕《二程全書》，冊二，〈伊川易傳〉，序，頁4。

神。就此而言，「主一」之解釋是較適合的，因其運作主旨乃出自內在之自我發展，並非具外在特殊之目標，換言之，自我實現即內在之目的，因此不論其落實於形象、形諸於萬物，抑或是表現爲乾坤之運作，其實都是自我實現之過程。是故陰陽亦不過是道之表現方式罷了，而萬物之生，亦莫不有太極，此並非是指道或太極化成無數，而是萬物實即道或太極自我之表現，如此亦適足以說明「太極無極也」一語之意，並非是襲用濂溪「無極」之思想，而是形容其無所限制之特性，同時只有將道、或太極之內容，視爲「健動不息」精神之發揮，亦方能體會其無所限制、沒有極限之義。是故伊川曾於釋復卦象辭「復見其天地之心」一段時指出：「先儒皆以靜爲見天地之心，蓋不知道之端乃天地之心也，非知道者，孰能識之。」捨靜而以健動不已代之，伊川言道之內涵於此明之。

二、理與變易性之說明

除了對「道」之理解有所不同之外，伊川與張載最大之不同在於其對「理」之強調，誠如前文論及張載宇宙論結構時所言，由於張載所著重之處在於如何說明有無、體用、幽明等內在之一致性，因此他以機遇、象、變等各種方式，來說明氣在溝通形上、形下時之關鍵性時刻，盡量避免由於性質劃分過分嚴格所產生之分隔與限制；換言之，張載是盡量站在統之角度來論述問題，是以雖然他藉氣來溝通形而上下，卻始終未曾說明物種之所以。至於伊川，雖然亦採本體論之立場來論述宇宙之運作與發展，將萬物化生視爲道之自我實現內容，然而在論理方式上，他卻著重於形式之說明，因此對於「理」，他有著較諸張載爲多之說明。然而伊川對於「理」之解釋，卻非限於物理之義，而是有著比物理更加深刻之意義。他曾指出：

散之在理，則有萬殊；統之在道，則無二致。〔註16〕

由此段用語看來，「理」似乎是相對於「道」，與之有一多上之不同，此皆因其「散之在理」之「散」字，與其後所謂「萬殊」者，容易被視爲同一件事之故。實則此兩處所言之義，是可以分開來看的：由於道本身所具備的，乃健動之本質，就本質而言，是尚未開發現實的，因此此處所謂「散」者，是指運作開展之始，換言之，理與道所指範疇雖同，在意義上，卻有著微妙差異。至於其後所謂「萬殊」之義，則是指表現於化生萬物殊種之層面言，與

〔註16〕同註15。

前者所言，有範疇之異，不可混爲一談。是以其後又言：

> 天地之間，萬物之理，無有不同。〔註17〕

由此可知，伊川所謂之「理」非指殊異之物理，而是道之另一用語，是就其化生宇宙萬物層面所持之用語。

明白了伊川對「理」之特殊用法後，接下來探討其內容所指爲何。伊片曾以睽卦之時用，來說明理之特殊性意義如下：

> 推物理之同，以明睽之時用，乃聖人合睽之道也。見同之爲同者，世俗之知也，聖人則明物理之本同，所以能同天下而合萬類也。以天地男女萬物明之，天高地下，其體睽也；然陽降陰升，相合而成，化育之事，則同也。男女異質，睽也，而相求之志，則通也；生物萬殊，睽也；然而得天地之和，稟陰陽之氣，則相類也。物雖異而理本同，故天下之大，群生之眾，睽散萬殊，而聖人爲能同之。處睽之時，合睽之用，其事至大，故云大矣哉。〔註18〕

於此段話中伊川明白指出，雖然由外在聞見所知獲得之客觀認識皆爲相對的，如男女之異、高下之分與萬物之不同，然而從根源上來看，則萬物所出皆不脫陰陽之相求與相合，因此可以說一切相對、相異之表現，其實皆納入天地化育之整體過程之中，有著內在之共同性與一致性，而此方爲睽卦背後所含之眞義，是故伊川以「推物理之同」來說明之。由伊川對「物理」一辭之用法可以得知，其所謂之理，並非指生物學上所論之物種所以，而是指宇宙運作得以推行之形上原理，亦即其所謂之道理，因此仍是自萬物之同之角度來加以論述。所不同於道藉乾坤以明健順本質的是，理所欲彰顯的，乃陰陽於升降間所成就化育之事，是從實際運作上得以統合之處加以分說，因此理就含有運作原理、原則之意義。伊川曾對天地運作必須依循一定之規律指出：

> 以豫順而動，則天地如之而弗違。……天地之道，萬物之理，唯至順而已。〔註19〕

天地之本質，萬物之共理，其實不過是依照一定之理而不斷加以運動罷了，但由於此動非出自外力所爲，乃內在本質得以完全現實之表現，亦即道之自

〔註17〕《二程全書》，冊三，〈伊川易傳〉，卷一，頁3。

〔註18〕《二程全書》，冊三，〈伊川易傳〉，卷三，頁25。

〔註19〕《二程全書》，冊二，〈伊川易傳〉，卷二，頁5。

我實現，因此非消極之屈從，而是自體積極性之表現，因此以「至順」謂之。至於所順遂之理爲何？伊川指出，其實不過「消長相因」〔註20〕此項大原則而已。他曾對此提出解釋曰：

> 無往不復，言天地之交際也。陽降于下，必復于上，陰升于上，必復于下，屈伸往來之常理也。〔註21〕

天地交通之常理，陰陽運作之常則，實即以「往復不息」之狀態表現出來，但此處「往復不息」之意，卻並非如張載論幽明一體時，因以視見所限來破執思想之蔽障，因此論述中含有能量不滅之意趣般，有著重複、循環之意義；相反的，因爲其以「消長相因」爲其往復之基礎，是故所謂之往復，實則指出每一階段之發展，都是以前一階段爲其立足基點，由此發展出另一新的情境，因此彼是相因，重重疊疊，沒有完全獨立之可能，每一部分皆爲整體之表現。透過是項說明亦可看出，伊川對宇宙之看法，乃持開放之觀點，而非封閉式之宇宙觀，萬物之生續不已是站在承繼、然後揚棄舊有之基礎上的，就此而言，伊川便與張載有十分巨大之差異。爲說明宇宙如何能以生續之內容不斷開展下去，伊川於是提出「眞元之氣」此一觀念。他曾表示：

> 眞元之氣，氣之所由生，不與外氣相雜，但以外氣涵養而已。……出入之息者，闔闢之機而已。所出之息，非所入之氣。但眞元自能生氣，所入之氣，正當闢時隨之而入，非假此氣以助眞元也。若謂既反之氣，復將爲方伸之氣必資於此，則殊與天地之化不相似。天地之化，自然生生不窮，更復何資於既斃之形，既反之氣以爲造化。〔註22〕

由其文意可以探知，伊川認爲氣有消散之時，此消散之氣將不再運作於時空之中，而宇宙之所以仍能運作下去，是因有眞元之氣之能生生無窮。於此，伊川似有將一切物質性來源，歸源於眞元之氣之傾向，然而作者以爲，伊川所謂眞元之氣，絕不可與理混而言之，否則理能生氣，將陷理於物質性意義。由於伊川於其易注當中，並無十分明確說明氣如何得以生之問題，是以此處略過不提。然而透過以上論述之基礎，將之運用於時空範疇，則所呈現之空間觀，便足以突破僵化之延積所限，具有發展性意義於內，而時間，則因「相

〔註20〕同註19，頁33曾有「消長相因，天地之理也。」一語。
〔註21〕《二程全書》，冊三，〈伊川易傳〉，卷二，頁43。
〔註22〕參考《宋元學案》、《伊川學案》所錄之語錄。

因」之基礎，前者不斷爲後者所取代，因此亦具有著不可逆之特色，此亦足以配合伊川論及乾坤時所欲彰顯之「健動不已」時空觀。

雖然，從理之角度言，天地不過是依「消長相因」之原則加以運作，但由此原則所衍生出之形下器物，則以變化之方式來呈現出消長之精神。伊川曾於說明既濟卦象辭「終止則亂，其道窮也。」一語之義時指出：

> 天下之事，不進則退，無一定之理。濟之終不進而止矣，無常止也，衰亂至矣，蓋其道已窮極也。九五之才，非不善也，時極道窮，理當必變也。〔註23〕

這一段話中有兩處值得加以注意：首先，伊川固然視健動爲宇宙運作之本質，因此一旦不進，必然會違背其本質而無法獲得彰顯，亦即無法持久，故其謂之「退」、或「衰亂至矣」。然而於此他亦指出，不進則退之義，除顯示出原則性之價值外，其發展並不具有一定之模式可資依循，是即其所謂之「無一定之理」。由此可以得知，伊川固以「不進則退」之精神，做爲支持變化之基礎，但對於變化之過程，卻如張載論變一般，有著機遇性之體認；換言之，在伊川之論理結構中，變化固爲必然的，因爲它是宇宙得以持續不斷運動之方式，然而變化之時機與方式，則是超越規律以外，無法加以測知的。伊川此一論點，可以視爲其不可逆時間觀之另一項佐證，因爲變化之無法預測，無法控制，因此每一階段都具有不可取代之意義，無法於事前加以規劃，必須視時而順應其變，亦即其後論涵養時，視聖人爲視時以導，以及前聖無法取代後聖之思想基礎。其次，由伊川「時極道窮」一語可以得知，其對時間之定義，是與變化分不開的，換言之，如果失去了變化，時間亦將失去其意義而不復存有。然而宇宙健動之本質又必然以變化之形式表現出來，因此時間乃不斷的發展下去，而所謂不變之永恆，對伊川而言，即不具存有之可能。他曾於解釋恆卦象辭意義時，表示他對永恆之看法爲：「天下之理，未有不動而能恆者也。動則終而復始，所以恆而不窮。凡天地所生之物，雖山嶽之堅厚，未有能不變者也，故恆非一定之謂也，一定則不能恆矣。唯隨時變易，乃常道也。故云利有攸往，明理之如是，懼人之泥於常也。」〔註24〕雖然伊川以「隨時變易」來說明常道之內容，然而透過其對乾坤之看法，以及對變化所賦予之機遇性意義，毋寧言其時間觀乃建基於變化之上，失去了

〔註23〕《二程全書》，冊三，〈伊川易傳〉，卷四，頁56。
〔註24〕《二程全書》，冊三，〈伊川易傳〉，卷三，頁6。

變化此一實質內容，則時間即失去其價值，而所謂之永恆，亦以變化之得以持續爲其內涵，非可藉超越自有形之現象界而得以彰顯者。伊川論時，可以說有其獨到之見解。

由以上論述可以得知，伊川論「理」，自有其別於「道」之部分，是必須配合變化來彰顯其內容的；換言之，理固爲變化得以成立之基礎，然而因其賦予變化以一定之自主性，是故在變化之中，不但能實現理所欲彰顯之生生相續精神，更能因變化之多相性，賦予理以更豐富之內容。是故變化對伊川而言，具有十分微妙之意義，它不但爲理得以不斷完成其生生內容之顯化力量，同時亦具有開發、創新之實。關於變化，伊川曾如是說：

> 物極則反，事極則變，困即極矣，理當變矣。〔註25〕

此段話之意思可以分爲兩部分：首先，變化對物而言，是爲反，對事而言，則稱之爲變；其次，變化之得以遂行，主要是在於困，亦即遇到困境，是指原狀況或條件無法再維持下去，因此在健動本質驅策之下，必然要尋求別的方式來取代之。至此，再看看伊川另一段討論變化之原文：

> 原究其始，要考其終，則可以見死生之理。聚爲精氣，散爲游魂。聚則爲物，散則爲變。觀聚散，則見鬼神之情狀。萬物始終，聚散而已。鬼神，造化之功也，以幽明之故，鬼神之情狀觀之，則可以見天地之道。〔註26〕

於此段話中，伊川明白指出天地之道，實則表現於氣之聚散之中，是故不論是可見之物、抑或不可見之變，皆爲造化之功，是生生之歷程。由其以氣之聚散來詮釋幽明，可以見其與張載論點具相同之處，所不同者，張載以形諸於外，離明可視之關鍵性時刻，來詮釋「變」之機遇性意義；伊川則持鄭玄之解釋，以氣之消散來說明變之內容。於是在「消長相因」之原則下，「變」對伊川而言，便成爲具備了實現可能之潛能，是原組織、原條件消解之後，之得以以另一新的組織型態，重新現實之基礎。因此變之內容，並非單純的氣之消散狀態，更有著重新賦予新的外在形式之意義。也可以說，它是以異於形器之另一種方式，來表現宇宙健動本質的，而不論爲變、爲反，其實質皆在於爲新的表現形式預做準備。至於變或反，將以何種方式來再次現實，則誠如伊川所言，「無一定之理」，亦即非具備一定之秩序性。

〔註25〕《二程全書》，冊三，〈伊川易傳〉，卷四，頁5。
〔註26〕《二程全書》，冊三，〈伊川經說〉，卷一，頁2。

　　由於伊川視「理」為其彰顯「道」之形式，而「理」雖具形上之意義，卻又無法脫離變化來言其實質內容，是故理之存有便具備了必然形諸於物物之性質。伊川曾將理之必然實現於現象界，藉幽與明之關係做了如下之說明：

　　　　在理為幽，成象為明，知幽明之故，知理與物之所以然也。〔註27〕

雖然伊川以幽明來表示理與象之一體性，然而卻不能比附張載以氣說明幽明，來理解其間之關係，亦即不能將理視為與氣具存於同一範疇，事實上，誠如前文所言，理雖必顯於變化，具備了多相性，然就伊川而言，仍具備了純粹形上之特性，是故不可將之與氣混言。欲理解此番用語，作者以為應自伊川以幽明詮釋變與物之角度來看待之，如此一來，理所具備之顯發特性，以及其本身不落於形器之形上意義，便可同時得到兼顧。他曾指出：「理無形也，故假象以顯義。」〔註28〕其意亦在於此。然而，伊川雖將理與象之一致性指了出來，於其高度肯定形上形式之論理結構中，理與象卻非站在同一立足點上；換言之，雖然從整體上來看，理與象是一體的，無法以時序先後來加以分別之，誠如其所言：「至微者，理也，至著者，象也。體用一源，顯微無間。」〔註29〕然而就論理次序言，則理先於象，具有論理之先在性。伊川曾藉易之形成過程指出：「有理而後有象，成位乎其中矣。」〔註30〕雖然此處所謂之象，乃指易象，然就其強調道與理之宇宙論結構而言，亦不相悖，此亦即其所謂：「天地之化育，萬物之生成，凡有者，皆眾也。有無、動靜、終始之理，聚散而已。故觀其所以聚，則天下之情可見矣。」〔註31〕是透過直觀從所以聚之處著手，而非自形下可見之處做歸納之原因。

　　伊川除以「理」說明生物之必然外，另外，他亦曾透過「質」與「文」之關係，來表達此項理念，他曾表示：

　　　　質必有文，自然之理，理必有對待，生生之本也。有上則有下，有此則有彼，有質則有文。一不獨立，二則為文，非知道者，孰能識之。〔註32〕

〔註27〕同註26。
〔註28〕《二程全書》，冊二，〈伊川易傳〉，卷一，頁1。
〔註29〕《二程全書》，冊二，〈伊川易傳〉，序，頁3。
〔註30〕《二程全書》，冊三，〈伊川經說〉，卷一，頁2。
〔註31〕《二程全書》，冊三，〈伊川易傳〉，卷三，頁54。
〔註32〕《二程全書》，冊二，〈伊川易傳〉，卷二，頁26。

雖然，伊川乃以對比之方式，來說明文於質之必然性，然此處卻不得視質文
為同一範疇，只能視其間之關係為具內在之一致性，缺乏了彼此，各自無法
具顯，是故二者之並立，乃生生之本。關於質與文、或一與二之真正關係，
伊川尚有過如下之說明：

> 蓋天下無不二者，一與二相待，生生之本也，三則餘而當損矣。……
> 男女精氣交構，則化生萬物，唯精醇專一，所以能生也。一陰一陽，
> 豈可二也，故三則當損，專言致乎一也。天地之間，當損益之明且
> 大者，莫過此也。〔註33〕

由此段說明可以看出，伊川學說與張載所論具相似之處。張載於其「參天兩
地」說之中，亦曾將「參」之意釋為「兩」之相合，而由伊川「三則餘而當
損」之用語中，則亦可見此一觀念之發揮。因此雖則伊川於前項引文中將質
文並言，並以一之無法獨立為質，二之具顯為文，然而其所謂之一與二，其
實代表著不同範疇之兩者，且二者必須以內在性之統合來加以統一，非如數
量般之外在聚合。是故伊川又明確的指出，一者，乃指那精醇專一，所以能
生者也，二則明言化生萬物之過程，必須透過陰陽互相激盪、消長之運作來
加以完成，因而一、亦即質之內涵，實指出運作之過程雖然展現為二相反性
質力量之升降、進退，然而其結果必將於絪縕、相盪之中，完成其統一、結
合之目的。由此而言，質與文間雖有著無法分割之特性，卻具有不同之意義。
質，亦即一，或謂之理，除了以生物為其現實之方式外，更具有統一義與目
的義，由此衍生出來之陰陽觀念，則雖基於前文論變之無一定之理，因而具
有升降、含攝方式之自由特性，至於結合成物物，則非涵屬於其內在性質。
換言之，使陰陽得以內在相合之力量，非得自陰陽觀念之中，必須透過理之
內涵加以獲知，如此即將陰陽限於作用層面之意義。如伊川曾於論變易時表
示：

> 陰陽之升降，乃時運之否泰，或交、或散，理之常也。〔註34〕

文句中指出，陰陽升降之內容，亦即透過其進退消長方式之不同，所呈現出
之多樣性結果，由於受到時間以及機遇（亦即運）左右，其內容乃非必然的，
因此有否泰之分別，然而不論其互相含攝之方式為何，就其主變化之內容、
彰顯理之精神處，則二者實無殊異。理不僅為陰陽運行時原則所出，同時亦

〔註33〕《二程全書》，冊三，〈伊川易傳〉，卷三，頁39。
〔註34〕《二程全書》，冊二，〈伊川易傳〉，卷二，頁43。

為其運作之目的，因此其所謂「在陰陽之氣言之，則消長如循環，不可易也。」〔註35〕背後之真義，實在於指出其運作受理規範之特性，因此雖其運作方式乃自由而不受限制的，以兩相對性質互相配合、成就之形式為其表現方式之處，則是不可變易的。由此可知，陰陽之義於伊川思想體系之中，僅具作用之價值，只不過此處所謂作用，並非機制的，而是在有限之中（亦即原則之中），得以行無限之發揮。因此伊川又言：「乾之用，陽之為也；坤之用，陰之為也。形而上曰天地之道，形而下曰陰陽之功。」〔註36〕陰陽乃就用言，其雖秉乾坤之精神，亦即宇宙健動本質之呈現，然若欲成就形下之器物，則仍待其運作所得，故伊川稱形而下為其功之呈現。

　　透過以上論述可以得知，伊川易傳宇宙論與張載最大不同之處在於，伊川將論述之焦點擺在對形上之理的強調上，因此道、或者稱之為理，雖然亦必須待象與形之顯化來加以彰顯，卻具有論理之先在性。其次，由於對形上之理之重視，是以伊川雖亦言生生之道，然宇宙之得以運行，則彰顯於其內在本質之得以顯發，是出於自我實現與成就之要求所行，就此而言，亦與張載之論述方式有所不同。然而，雖然伊川十分高揚形上形式之重要性，卻亦未曾忽略於實際運作之中，有難以以理掌握之處，因此其論變之無一定之理，賦予整體運作以機遇性意義，雖於用語上與張載有不盡相同之處，對於變化，二人仍持相同見解。此外，由於伊川論理之基礎在於「理」之建立，而非以氣為貫串學說之精神，因此氣於其所言，便只成為運作之工具，雖然於此他亦分陰陽之氣，並賦予其以乾坤之大用，但基本上，氣卻是只有運作方式之自主性，而無統合、總理之作用，換言之，氣於伊川而言，並沒有張載所示之健動本質，因此其動完全依附於乾坤之道、或理之成立，是亦即其所以持氣散則無復再用之原因，亦為其以質文釋理氣間關係之背後理論基礎。整體而言，張載與伊川之易學各有所勝，作者以為張載對於溝通有無與體用一體之問題，有較伊川更為圓融之見解，然而對於形上原理之說明與價值之確立，則伊川有著較諸張載更為明確之指陳，因而二人之學說是可以互相增益的。此外，透過二人為文方式亦可以看出，張載思路充滿著活潑、自由之氣息，無論其論氣必然發動之精神、道歷程義之廣褒性、抑或是神化之莫測高深，都顯示出不受拘限、健動不已之精神；至於伊川，則不但表現出其重視規律、

〔註35〕《二程全書》，冊二，〈伊川易傳〉，卷二，頁 16。
〔註36〕《二程全書》，冊二，〈伊川易傳〉，卷一，頁 9。

追求理想之人文特色，且將宇宙萬物之化生歷程，視爲理想達致之過程可以看出，他不僅重視生命具體存在之價值，更有著賦予生命以成就更高價值之意義，因而對於人生，便有著視其爲完成最高價值之歷程的看法，而此亦即其不但肯定前聖之貢獻，更有著對後聖期許之學說背景。接下來討論伊川易學之人生論。

第二節　伊川人性論與張載人性論之比較

由於伊川所注之《易傳》，其論述中心偏重於宇宙論與人事之探討，因而對於人性之論題，並未有十分深入之發揮。然而，雖然伊川並未於《易傳》中針對人性之問題詳加析論，其論「性」之部分，已具備了完整規模，並不悖於其整體理論結構，因此論述雖少，卻具有十分重要之意義，可以說其易學之人性論，實即代表其對心性之看法與期許。以下試先析論之。

自孟子論性以來，性之善惡問題便成爲每一個時代學者論述之重點，無論是董仲舒、劉向、揚雄、鄭玄等所持之「性善惡混論」，王充、荀悅及韓愈等所舉之「性三品論」，抑或是荀子所論之「性惡說」〔註37〕，莫不欲藉其對人性之詮釋，來伸張其於人事之看法。然而無論眾人所持之論點爲何，問題重點實在於對「性」之定義有所岐出，至於無論是他律或自律道德，抱持人皆有化善可能之立場，實則並無太大出入。至張載則以天地之性與氣質之性來說明人之善惡問題，除將人性與宇宙發展結合之外，更於天地之性中，將人類求善之本性，以及必待自覺意識之啓發方得以彰顯之特性指了出來，可以說對孟子性善之說，有著更深刻之發揮。對此，伊川是有著正面肯定的，同時其論點，亦與之有相近之處。他曾對性命之分立，有過如下之界定：

　　天所賦爲命，物所受爲性。〔註38〕

因此「性」並非指人所獨受之物理所以，而是以宇宙萬物全體爲對象；換言之，此處所謂之性，是就人物承天道之運作、現實，而得以賦形之部分言，與張載「天地之性」有著極爲相近之處。所不同者，張載欲藉「天地之性」指出人物乃具共同之本源，再藉此一本源，論及人類善反之內容；而伊川所謂「所受爲性」者，則欲藉此一共同本源，直陳人因承道自體發用之精神，

〔註37〕關於人性論論點之區分，乃參考周子同所著之《中國哲學概論》，第二篇第二章之内容。

〔註38〕《二程全書》，冊二，〈伊川易傳〉，卷一，頁3。

因此不但具備了自我成就之能力，同時又因道之表現乃普及萬物，因此能納天地於其成就自我之內容當中。他曾藉易道之價值指出：

> 易之道其至矣乎！聖人以易之道崇大其德業也。知則崇高，禮則卑下，高卑順理，合天地之道也。高卑之位設，則易在其中矣。斯理也，成之在人則為性，人心存乎此理之所存，乃道義之門也。〔註39〕

由此段話可以得知，「性」於伊川而言不僅為一成就之能力，同時亦含有落實於事之義。由於「理」本即成就於變化之中，而變化又為事物先後之關係，是以理之彰顯必落實於事物，而欲成就理，亦必待能將之落實於人事方可，此亦即其所謂「高卑順理」，既高揚理之超越義，同時亦肯定必落實於形下律則之原因。是故，伊川所謂「性」，是介於張載所謂「氣質之性」與「天地之性」之間的，是既具備了人類「氣質之性」中獨具通蔽去塞之能力，因而得以藉心之認知能力去獲得形上共理，同時又具備了「天地之性」中，透過善反而加以施行之內容，故能於落實於利用中加以成就。後世以「性即理」來論述伊川之心性論，而不以「心即理」謂之之原因，其實質即在於理所具發用之意義，是涵括於「性」之中，而非「心」之中，心雖能存理，然能存之因，實在於性之能加以成就之故。

由於伊川是透過「理」來直接論述「性」，因而「性」便承繼了「理」之特性，不但具有高度的理想性，同時亦具有自我成就之自覺意識，換言之，性是非必然的，乃當然的，雖具存於人，但必須透過自覺意識之醒發與實踐方足以具顯，而此順應天理、自我完成之過程，即為善之表現。伊川曾明言：

> 動靜相因而成變化，順繼此道，則為善也。成之在人，則謂之性也。在眾人則不能識，隨其所之。〔註40〕

是故，善並非指一純粹形上之形式，而是含有順繼動靜相因之道而成變化者，乃成就宇宙健動不已之本質，因此具積極之精神，而此正為性之表現。眾人由於不識此，故缺乏成就整體之精神，只能隨其所之。由此可知，伊川對善之期許，是結合了對天道之理性認知，與順繼於事之感性選擇，與張載所論性善，有著十分接近之看法。雖然，伊川與張載對「善」之內容持相同之立場，然而對於成就善之說明，卻持不同之路徑。張載透過「盡性」之說，將

〔註39〕《二程全書》，冊三，〈伊川經說〉，卷一，頁3。
〔註40〕《二程全書》，冊三，〈伊川易傳〉，卷一，頁2。

人之視野由一己提升至全體，再透過追求全體最大利益行動之完成，來彰顯善之價值，是故「善」不僅爲全體最大福祉之實現，同時亦爲個人精神自由最極盡之表現。至於伊川，則雖由性之合於理而引申出善觀念，但由於對理之重視，因而又回轉至「理」之層面來說明「善」之成就內容。他雖曾以「動以就正」〔註41〕來詮釋善之必出於選擇性作爲，然而對於「正」之看法，亦即對所依循之原則的看法，卻不脫「理」之範圍。是故其言：

> 天下之志萬殊，理則一也。君子明理，故能通天下之志。聖人視億
> 兆之心猶一心者，通於理而已。〔註42〕

於此，志應指心志所趨之方向。由於天下人各有其生存背景與實際需求，因此志呈現出萬殊之多樣性，但若能通理，則必能滿足天下人之共同需求。通理，就其內容而言，雖爲眾人之志得以通貫，亦即團體意志之得以獲致，但透過「理」之理想性意義，則此項團體意志決非爲個人意志之集合，而是表現出最高價值之完成，此項最高價值，亦即最終價值所呈現出之精神，即爲人類求「正」之善舉，而表現於外的，則爲對「仁」之要求。是故其又言：「仁者，天下之公，善之本也。」〔註43〕仁即天下公志之最高形式，而善者，即在於對此一公志之追求與完成。由伊川援理入公、攝公於仁之路徑可以看出，伊川雖以「公」來指明德目所具之公志性意義，實則仍不脫天理範圍，爲天理彰顯於人事之表現，此點可透過下面一段文字加以得證：

> 大哉乾元，贊乾元始萬物之道大也。四德之元猶五常之仁，偏言則
> 一事，專言則包四者。〔註44〕

伊川藉乾元之統四德，不但指出仁於諸德目中所具之統籌性意義，實亦暗示仁之出於天地至理，故其所施及之範圍，當包含天地萬物於內，非僅就人之角度來加以看待，而此亦即其以天道範圍人道之所以。他曾藉著釋否卦象辭「否之匪人」一語時指出：

> 天地交而萬物生於中，然後三才備，人爲最靈，故爲萬物之首。凡
> 生天地之中者，皆人道也。天地不交，不生萬物，是無人道。〔註45〕

是故，人道除表現出以天地萬物爲關懷之對象外，亦負有維繫萬物生續，使

〔註41〕《二程全書》，冊三，〈伊川易傳〉，卷四，頁19。
〔註42〕《二程全書》，冊二，〈伊川易傳〉，卷一，頁48。
〔註43〕《二程全書》，冊二，〈伊川易傳〉，卷二，頁34。
〔註44〕《二程全書》，冊二，〈伊川易傳〉，卷一，頁3。
〔註45〕《二程全書》，冊二，〈伊川易傳〉，卷一，頁54。

宇宙得以運作不已之意義。因而人道之至極表現——仁道，其所成就之範圍實涵蓋了天地萬物，而所謂善者，即為宇宙律動不已精神之成就，此即其所謂「乾坤易簡之功，乃至善之功也。」〔註46〕之意。

由以上伊川對善之說明可以看出，雖然其未如張載般自「盡性」之角度加以發揮，然由於其透過理之角度來說明性善之內容，是亦援天地始生之義於其中，因此由之所致涵天地萬物於其中之結果，與張載盡己而後成己、成物亦有著相近之內容。所不同者，張載透過盡己、成物之過程所呈現的，乃一親疏有別之表現方式，而伊川透過理善所呈現出的，則為物我兼照之公平性，故其以公來說明求仁之具體方法，再納仁於善之內容當中。此外，由於伊川以理釋仁，以仁釋善，再以就善釋性，因此雖然將實踐道德要求視為人類本來具備之能力，然而由於德目之與天德比配，故此中有傾向於他律道德之意味〔註47〕，就此而言，亦與張載透過格物窮理以成盡性之功，有著相同之旨趣。

伊川論「性」所彰顯的，乃人類積極成就自我於全體中之精神，因此具有價值意識覺醒之意義，然而雖然其強調透過此性之昭著，可以完成更具理想性之功業，卻亦不曾忽略於現實情況下，結果往往與預期目標有所出入，換言之，性能否發揮其從正之意義固然完全操之於己，然而若欲達到善之結果，則有待許多條件之配合。是故，為說明行為結果之非必然符合預期之目標，伊川於是提出「命」之論點。伊川指出：「天所賦為命」，又言「命，天理也」〔註48〕。於此，「命」並非指個人生命之修夭，亦非指萬物個別之殊理，作者以為，伊川所謂之「命」，實具有宏觀之意義，亦即是從宇宙整體歷程中來看待人物所居之時位，因此雖然人類可藉其性之豁顯，來改變某些狀況，然而此類改變仍有其有限性，必須配合整體運作方得以完成，若己雖有心於是，然而所處時空背景並不適合，則所得之效果亦是十分有限。伊川曾指出：

> 方困之時，若不至誠安處以俟命，往而求之，則犯難得凶，乃自取也。〔註49〕

〔註46〕《二程全書》，冊二，〈伊川經說〉，卷一，頁3。
〔註47〕關於伊川論性之傾向於他律道德之見解，乃襲取商務出版《中國歷代思想家》套書中，王開府所著之〈程頤〉，此卷內之意見。
〔註48〕以上引文分別出自《二程全書》，冊二、三，〈伊川易傳〉，卷一，頁3；卷三，頁52。
〔註49〕《二程全書》，冊三，〈伊川易傳〉，卷四，頁3。

於此段用語中可以得知，伊川是以客觀之時位來詮釋命的，因此個人努力固然重要，卻不能無視於客觀環境對行動所起之決定性作用，而處困之時，實則正給予吾人一個調整自我行止之機會，正當謹慎審視自我所處之境遇，反省己行之是否出於公志，若依然無視一切的依照己意行動，則招致災禍亦為必然的。伊川雖視「命」為不可以人力左右之客觀時位，然而亦強調須以一種積極之心態來看待之，而非消極的順遂，換言之，「命」所提供之客觀訊息，必須透過行義之舉，亦即性善之具體施行，方才具有意義，因之其又藉困卦所呈現之內在精神言：

> 澤，無水困乏之象也。君子當困窮之時，既盡其防慮之道而不得免，
> 則命也。當推致其命，以遂其志，知命之當然也，則窮塞禍患不以
> 動其心，行吾義而已。〔註50〕

命之具顯，必須透過「既盡防慮之道而不得免」呈現出來，因此它並非是必然的，而是有其當然之特性，換言之，伊川透過命傳達出來的，是一種藉由人為努力所呈現出之客觀情境之有限性，必須與行義之舉並言，如此方才具備意義。因此「命」非指單純的結果，而是指一項善舉之所以無法完成，乃受制於客觀環境影響之結果，故不可以窮塞禍患等單純事件結果來限定其義。伊川曾言：「苟動不以義，則雖善，亦凶道也。……雖使勝捷，猶凶道也。」〔註51〕此中非以結果之美惡作為斷定行為價值高低之標準，而是以能否出自義舉，具有善之動機與目的而言，此與「命」之必出於義具有互相印證之功。

　　整體而言，伊川對性與命之看法，雖有主觀努力與客觀所限之分別，其實皆納於行義之動作當中，有著內在的一致性。「性」若無行義之外在表現，則其善即無法彰顯，亦將失卻其成就之意義；「命」若無行義之行於先，亦無法呈現出其客觀而不容變之特性。由此，伊川之性命觀便與張載之性命觀有著十分巨大之差異。張載論性與命時，著重的乃性之必然性與命之機遇性，人固有承天地精華而具有之價值追求能力，然而亦有難以改變之命份。換言之，張載對性之說明，就其肯定價值追求之層面而言，與伊川有著極為相近之見解，只不過探討之方式有所不同，然而其所論之「命」則就天地生生作用表現於形器時之機遇性而言，是故欠缺了人為自主之積極性意義於內，與

〔註50〕《二程全書》，冊三，〈伊川易傳〉，卷四，頁2。
〔註51〕《二程全書》，冊二，〈伊川易傳〉，卷一，頁27。

伊川有著極大不同。是故，張載捨命就性，以表其人性平等之精義，而伊川則於俟命之中行其義舉，並於行止之中顯其成就價值理想之眞義，其因即在於對「命」之詮釋有所不同。

第三節　伊川涵養論與張載涵養論之比較

〈伊川易傳〉之中，有許多部分涉及到伊川對涵養之看法，然就整體而言，其整個涵養論之系統並未完全建立，因此多有瑣碎之處，其中，比較重要且與其學說體系建立後之內容有相互發明之處，當爲其對德與行關係之論述。其曾直指道德之本源云：

> 通晝夜、闔闢、屈伸之道，而知其所以然，如此則得天地之妙用，
>
> 知道德之本源。〔註52〕

於此，道德非指各項德目之集結，而是指其成立之精神，因此，雖於人言，道德之成立依於人之自由意志，然言其本源，則在於得天地發用之眞義。張載由於透過窮理來完成盡性之內容，是藉由博文、集義，而達致精義入神之境，因此可說是自對外之認識入手，再進至形上領域，最後，經由價值判斷，來完成其德目內容的。伊川則雖亦言格物、致知，卻僅限於認知過程之說明，就其易傳體系而言，則由於早已肯定形上之理之理想性意義，因此對於德目之成立，是採取一直接肯定之態度，換言之，是先立一德性之知來源，再規劃其致知之路線的。由此而衍生的，便是伊川對德性之看法，並非直接透過外在具體行事去加以訂立，而是自抽象之內在涵養著手。他曾喻意於乾卦文言之釋初九爻辭曰：

> 德之成其事，可見者，行也。德成而後可施於用。初方潛隱未現，
>
> 其行未成，未成，未著也，是以君子弗用也。〔註53〕

由此段文字可以探知，伊川對德之看法，並不限於用事，用於事者，乃德性成就後之表現，雖足以增益其華，卻非判斷之最主要依據。此與張載強調包含透過認知、確立善之目標、再經由選擇性之方式來達致生民之大利等內容之涵養歷程，有著定義上之不同。是故伊川將德行分言，正如同視理氣爲二般，強調德對於行所呈現之內在性意義。他表示：

〔註52〕《二程全書》，冊三，〈伊川經說〉，卷一，頁2。
〔註53〕《二程全書》，冊二，〈伊川易傳〉，卷一，頁7。

　　德行者，存諸中爲德，發於外爲行，人之德行當義，則中節。〔註54〕
雖然於此段文字中，伊川並未明指德之先在性，然而由其言行爲德之發於外
可見，存諸中之德具有決定性之意義。由於人之所行並非必然出於德性要求，
而是具有著更廣泛之心理層面意義，因此伊川稱德與行最適當的結合爲義，
以義做爲德行合一之判斷標準，並由此推出內敬、外義之盛德表現。他曾以
敬來說明內在德性之養，以義來指陳德之顯化於事曰：

　　直，言其正也，方，言其義也。君子主敬以直其內，守義以方其外。
　　敬立而內直，義形而外方，義形於外，非在外也，敬義既立，其德
　　盛矣。不期大而大，德不孤也。無所用而不周，無所施而不利，孰
　　爲疑乎！〔註55〕

由此，伊川乃視內在之守正爲敬，以敬爲德性之內在依據；以外在有所操守
爲義，以義爲德性顯化於外之表現。是故伊川雖將德性成立之基礎放於內在，
卻並不因此否認外在事功之價值，由其「敬義既立，其德盛矣」一語可以看
出，德性固須基於內在守正之誠敬上，然而亦須透過外在守義之具體表現方
得以盛大、成就之。雖然伊川是從本源處來討論德性之依據，然而正因德性
之盛大有待於行，因此涵養其內之意義仍在於能顯發於外，就此而言，伊川
所論與張載仍有異曲同工之妙。

　　伊川雖言內在之敬，然而此「敬」並非僅具形容詞之意義，事實上，敬
所涵攝的乃一種積極性之作爲，是指心志朝向天理發展，與之合一之動作。
由此亦可證伊川乃先預設了理之最終價值義，然後再以之規劃涵養內容之特
色。伊川曾表示：

　　理者，天下之至公，利者，眾人所同欲。茍公其心，不失其正理，則
　　與眾同利，無侵於人，人亦欲與之。若切於好利，蔽於自私，求自益
　　以損於人，則人亦與之力爭，故莫肯益之，而有擊奪之者矣。〔註56〕

本文前節於言及伊川人性論時曾指出，伊川對性善之詮釋乃透過攝理入公、
援公於仁來加以完成的，因此公者所表彰的，乃理用於事時所呈現之普遍
性，這種精神，於上述文字中又再度出現。公所代表的，不光是一種立場或
心志，它更代表一種價值標準，是人援理入事時之表現，換言之，公必然發

〔註54〕《二程全書》，冊三，〈伊川易傳〉，卷四，頁47。
〔註55〕《二程全書》，冊二，〈伊川易傳〉，卷一，頁12。
〔註56〕《二程全書》，冊三，〈伊川易傳〉，卷三，頁45。

用於事利之上，至於發用之官能，則在於一心之運用。若此心能以理爲其依循之標準，則自然能納一己意志於團體公志之中，達到自益益人之結果，若反此而行，依一己之私意而行，自然會有擊奪之人矣。伊川藉心溝通理與利二者，除顯示出心爲一能行之官能外，亦指出心具有能受理規範之特性。是故其曾言：「志正，則動必由正。」〔註57〕志與動之關係，其實正顯示出心與規範及行動間之關係。張載曾有心統性情之主張，觀伊川對心之期許，則其雖未於易注中明言一心之作用，心之界於性理與情用間之特性，當與張載有相似之看法。

由於理乃抽象的，是以一種具指導性之原則的形式表現出來的，因此在應用於事時，必須藉其呈現出普遍公利此點，回頭自尋找公志著手。爲此伊川曾言：

稽之眾論至於三，就事至當也，又何之矣，乃俗語更何往也。如是而行，乃順理時行，非己之私意所欲爲也，必得其宜矣。〔註58〕

於是段話中，伊川將順理時行之表現，寓於對公志之尊重與依循，其理論基礎實在於理與於利與公志之所往有著相同之結果，是故伊川以爲，若能稽之眾論於三，則如是而行必能獲致最理想之結果，換言之，若依眾論而行，則必能將理落實於人事，是合於天心之表現。是故其藉損卦六五爻辭曰：「或有益之之事，則十朋助之矣。十，眾辭，龜者，決是非吉凶之物。眾人之公論，必合正理，雖龜筮不能違也。如此可謂大善之吉矣。古人曰，謀從眾，則合天心。」〔註59〕從眾而不從龜筮，除了顯示出人類自主意識之啓發外，亦表現出伊川所論之理，已經由人事之公志中，將純粹形上之至理，轉換至於事理之範圍，使理不但具備生發義，亦具備了價值義，正可與前文視天理爲德性涵養之所源相互呼應。是故，符合眾意之行可致大善，可獲大利，是爲合於天心，一於天理之表現，亦爲內在誠敬之具顯。

伊川除以心存公志抒發其涵養用敬之內容外，亦藉心志以明時中之理。他曾指出：「夫人心正意誠，乃能極中正之道，而充實光輝。」〔註60〕不論心正意誠，抑或從於眾論，所表現的，仍爲一種態度，是心志趨附於理之具顯，爲德性之確立，然而必待其顯用於事，此性德方得以盛大，亦即此處所謂之

〔註57〕《二程全書》，冊三，〈伊川易傳〉，卷三，頁11。
〔註58〕《二程全書》，冊三，〈伊川易傳〉，卷四，頁11。
〔註59〕《二程全書》，冊三，〈伊川易傳〉，卷三，頁4。
〔註60〕《二程全書》，冊三，〈伊川易傳〉，卷三，頁48。

「充實光輝」，是故伊川由心志之誠，又再次衍生出中正之觀念。他曾表示：「雖有誠意，而所爲不合中行，亦不可也。」〔註61〕又曾對中與時之關係有過如下之說明：

　　　　時謂得君之應，中謂處得其中，得中則時也。〔註62〕

中，其實即指於整個大環境中掌握了取決變化之關鍵，因此得中，亦即取得了改變整體動止之決定權，亦爲有德者行其公志之先決條件，伊川論「時」與張載所論之「幾」有相互發明之處。雖然伊川論「時」時所強調的乃於大環境中居於主導之契機，然而他卻期許此一契機之必用於善，換言之，必須受理或眾意之規範，對此，他曾示意：「理有消衰、有息長、有盈滿、有虛損，順之則吉，逆之則凶，君子隨時敦尚，所以事天也。」〔註63〕隨時敦尚必出於事天之意，出於成就公眾之大利方可，故「時」可謂取得推行公志之最佳時機。伊川曾云：

　　　　君子之道，隨時而動，從宜適變，不可爲典要。非造道之深、知幾
　　　　能權者，不能與於此也。〔註64〕

造道既深，方能以心合理；能知幾之要，方能隨時而動。因而伊川以「從宜」釋對理之依循，以「適變」明幾變於行之要，強調不可依循固定模式爲行事之規矩，當視主客觀條件做爲行事之參考，此皆因物理實同於事理，「生生相續，變易而不窮也。……物通變不窮，事之理也。」惟有順應一切條件之變化行動，如此方爲合乎天道之表現，亦即伊川所謂：「順應而動，乃合道也。」〔註65〕之眞義。此一論點發揮於典章制作時，便形成伊川同時肯定前後聖於人文發展上貢獻之論點。他指出：「聖人隨時制作，合乎風氣之宜，未嘗先時而開之也。若不待時，則一聖人足以盡爲也，豈待累聖繼作也。時乃事之端，聖人隨時而爲也。」〔註66〕正因聖人能順天理，隨時而爲，因此其成就便具有階段性之不同，亦顯出伊川視典章制度爲具歷程意義，應隨時空轉換而予以變化之用心。就此而言，伊川雖未明示人類對價值之追求乃隨時空背景而有內容上之不同，然由其對隨時而變與累聖之肯定則可看

〔註61〕《二程全書》，冊三，〈伊川易傳〉，卷三，頁43。
〔註62〕《二程全書》，冊二，〈伊川易傳〉，卷二，頁17。
〔註63〕《二程全書》，冊二，〈伊川易傳〉，卷二，頁30。
〔註64〕《二程全書》，冊二，〈伊川易傳〉，卷二，頁9。
〔註65〕以上兩段引文，皆出自《二程全書》，冊三，〈伊川經說〉，卷一，頁3。
〔註66〕《二程全書》，冊二，〈伊川易傳〉，卷二，頁37。

出，其與張載藉博文、集義而致精義入神、以及對禮內容之可變性二者，同樣是以歷程觀點來看待人類文化發展，將文化發展之整體過程視爲人類追求最高理想、最終善之表現。於此，在理解上，吾人不可將之與德國哲學家黑格爾（Hegel）視人類歷史爲一部精神發展史之看法相比附，因爲黑格爾之精神發展史乃是漸次揚棄形下之制梏，朝向純粹形上發展之歷程，因而其所追求的乃自由理念之絕對發展；至於伊川與張載所強調之價值追求此一歷程，則是必須落實於民生，達到生民大利的，因此乃結合形而上下之積極與具體性表現，是爲至善之完成，而人性自由則必須於彰顯此一至善精神活動當中方得以實現。換言之，自由之現實完成於至善之結果當中，伊川曾謂：「在物爲理，處物爲義，動靜合理義，不失其時也，乃其道之光明也。」〔註67〕能以眾論爲行事依循之方向，實即掌握了理所合於求利之精神於內，然後再配合客觀之情勢，掌握最有利之時機來加以施行，以達致完成最普遍大利之目的，如此即可謂不失其時，亦可謂義之呈現。作者於前文言及伊川人性論時曾指出，伊川論「性」必須完成於行義之中，由其涵養之出於合心、理於一之敬，再透過時中順理之具體表現完成於義，其涵養內容實即性德現實完成之過程。

結　論

綜觀伊川所注〈易傳〉之整體精神可以看出，其學說中心乃在於對道、或理之確認，再透過對其價值之肯定，從物理合於事理此一立場出發，發展出寓善於義之人性論，以及敬義合一之涵養論。此與張載透過氣來貫串形而上下，藉心合性情於一，及由博文、集義等窮理活動來達致精義入神或窮神知化之盡性結果，有著相異之結構。然而在論點上，伊川與張載卻往往呈現出相似之見解，如其論道時，藉助乾坤之義以明其健動之本質，就與張載論氣之具健動不已有著相同之處，只不過張載將此一運動性賦予氣之後，成就了有無得以合一之結果，而伊川則藉由道，成就了天地運行之本質義，是故張載由氣發展出以生物爲目的之歷程，而伊川則由理之必發於用，發展出以自我成就、現實爲目的之本體歷程。此外，張載論性強調的乃人類價值意識之覺醒，是透過自覺意識之啓發來指出人性自由與平等之基礎，至於伊川，

〔註67〕《二程全書》，冊三，〈伊川易傳〉，卷四，頁21。

則先規劃出理之價值先在性，再賦予「性」以成就之為內容，然而透過其物理同於事理之預設，再以求公志之現實來判定「性」之得以成就來看，實含人為自主精神於內，就此而言，亦與張載所持人性論有著相似之論點。然而伊川於論「命」之時，攝義於命之詮釋方式，以及論善之際，因援理入善而致物我兼照之結果，則呈現出其推崇普遍義理之用心。至於其以質文釋理氣之關係，雖亦有損三之義，與張載「參天兩地」之說有著相似之說法，則畢竟與張載有立論之異，是皆源自其較重義理先在性之特質。總括而論，張載是藉氣溝通有無，但重心是擺在「有」之立場，從「明」、或謂之生續不已之角度來論述無之非為虛無；伊川則藉理來溝通有無，是自「幽」之角度，來肯定萬物生化所示之「有」、或「明」必出於難以離明測知之「幽」之自體成就，可以說二人所呈現出之差異點，其實是在於立足點之不同，與方法上之互異，至於善體幽明一體、有無為一及天人合一之精神處，則二人實具有相同發明之處。

總　結

　　透過上述五個章節之論述與比較，作者已將個人對張載學說內容之理解，以及與時人周敦頤、程伊川之易學思想之異同，做了番說明，是故於此不再贅述。此際，作者所欲指出的是，雖然本文是以張載易學為論說主旨，然綜觀張載全部著作卻可發現，其學說之主要精神，實正出於其對《易傳》之理解與詮釋。是故雖以其易學為論述內容，實則包含其整個學說之主要理論結構。至於《易傳》此書，於此姑且不論其成書年代與過程之問題，就其內容而言，平心而論，仍參雜著儒道二家思想於內，因而張載易學、或張載整個學說體系所具之最大貢獻，便在於其成功的援引先秦儒學中天人合一、以及孔子致用與孟子性善之精神於易，將原本儒道駁雜之論述內容，轉換成深具人文意識與積極性之思想內容，就此而言，其與伊川二人對儒學具有同樣重要之貢獻。雖然於第四章時作者曾指出，周敦頤欲引道教之形上結構，並結合儒學之論理方式，來充實易學原有之內容，藉此完成其合天人、一有無之目的，然而就結果而言，其預期之目的並未達成，至於張載，則雖對釋道曾有過未盡其實之批評，然就其以氣來統籌形而上下，以人性自覺之醒發與成就來贊助此氣之發用言，其精神則為儒而非道。是故，其以氣為貫串學說上下，固然易引人以物質性意義之懷想，然而就其成就儒學以完整形上結構言，其與伊川有著難分軒輊之貢獻。可以說，張載是從形下為其入理之關鍵，而伊川則自形上著手，皆為探討人文精神必待顯發之積極性意義展開論述，二人所論實具異曲同功之妙。因而於探討張載學說之際，重點不在於對其表現形式或用語之推敲，而應將其藉易以成就儒學積極、進取、與自覺之人文精神之全體過程加以舉發，以彰顯其學說之主要貢獻，而此亦為本文為文之要旨。

參考書目

一、經　類

1. 《易經集註》，文化圖書公司印行。
2. 《大藏經》，大正原版，新文豐出版公司影印。
3. 王弼，《周易王弼注》，新興書局，古注十三經。
4. 李鼎祚，《周易集解》，學生書局。
5. 孔穎達，《周易正義》，藝文印書館，十三經注疏本。
6. 胡瑗，《周義口義》，台灣商務印書館印行。

二、史　類

1. 《宋史》，手抄本。
2. 繆天綬選註，《宋元學案》，台灣商務印書館印行。
3. 陳叔諒、李心莊編，《重編宋元學案》，正中書局出版，民國 59 年 5 月初版。
4. 黃宗羲，《明儒學案》，河洛圖書出版社，民國 63 年影印出版。

三、子集類

1. 宋・朱熹集註，蔣伯潛廣解，《四書讀本》，啓明書局印行。
2. 《老子王弼注》、《莊子郭象注》，台灣中華書局發行，民國 69 年 1 月台九版。
3. 《周子全書》，台灣商務印書館印行。
4. 《張載集》，漢京文化事業有限公司印行，民國 72 年 9 月 16 日初版。
5. 朱熹著，《張子全書》，台灣中華書局發行，民國 65 年台三版。
6. 王植著，《正蒙初義》，台灣商務印書館印行，四庫珍本二集。

7. 高攀龍、徐必達著,《正蒙釋》。

8. 王船山注,《張子正蒙注》,世界書局印行,民國 69 年 10 月三版。

9. 《二程全書》,台灣中華書局發行,民國 75 年 8 月台四版。

10. 《象山全集》,台灣中華書局發行,民國 68 年 7 月台三版。

11. 《朱子語錄》,漢京文化事業有限公司印行,民國 69 年 7 月 31 日初版。

12. 《近思錄》,叢書集成簡編。

13. 朱熹編,《伊洛淵源錄》,文海出版社。

14. 李光地等撰,《性理經義》,台灣中華書局發行,民國 57 年。

四、其 它

1. 陳俊民著,《張載哲學與關學學派》,台灣學生書局,民國 79 年 11 月初版。

2. 朱伯崑著,《易學哲學史》,藍燈文化事業股份有限公司,民國 80 年 9 月初版。

3. 勞思光著,《中國哲學史》,友聯書報發行公司,1980 年 6 月初版。

4. 周宇同著,《中國哲學概論》,源成文化圖書供應社印行,民國 66 年 12 月 15 日初版。

5. 孫振青著,《宋明道學》,千華出版公司發行,民國 75 年 9 月 15 日初版

6. 吳康著,《宋明理學》,華國出版社,民國 62 年三版。

7. 《宋明理學研究論集》,黎明文化事業公司出版,民國 72 年 7 月初版。

8. 蔡仁厚著,《宋明理學》,學生書局,民國 66 年。

9. 黃公偉著,《宋明清理學體系論史》,幼獅書局,民國 60 年。

10. 陳鐘凡著,《兩宋思想述評》,台灣商務書局印行。

11. 錢穆著,《宋明理學概述》,台灣中華書局。

12. 牟宗三著,《心體與性體》,台灣正中書局印行。

13. 唐君毅,《中國哲學原論‧原性篇》,新亞研究所印行。

14. 唐君毅,《中國哲學原論‧原教篇》,新亞研究所印行。

15. 羅光著,《儒家形上學》,台灣中華書局。

16. 羅光著,《中國哲學思想史》,先知出版社,民國 65 年。

17. 宇野哲人著,馬福辰譯,《中國近世儒學史》第一冊,台北文化事業委員會。

18. 鄔崑如編著,《西洋哲學史》,正中書局印行,民國 73 年 3 月台七版。

19. 傅統先著,《哲學與人生》,眾文圖書公司印行。

20. 釋睿理著,《佛學概論》,普門文庫印行,民國 71 年 2 月再版。

21. 徐哲萍,《張載氣運哲學管窺》,中國文化大學三研所博士論文,民國 62

年。

22. 黃秀璣著,《張載》,東大圖書,民國 76 年。

23. 朱建民著,《張載思想研究》,文津出版社,民國 78 年。

24. 《中國歷代思想家》,台灣商務書館印行,民國 76 年 8 月三版。

25. 孫振青著,《康德的批判哲學》,黎明文化事業公司出版,民國 73 年 9 月初版。

26. 羅素著,《西方哲學史》,A History of Western Philosophy,五南圖書出版公司,民國 73 年 7 月初版。

27. The Complete Works of Aristotle ,Edited by Jonathan Barnes,雙葉書局。

28. Ploto Collected Dialogues, Edited by Edith Hamilton and Huntington Cairns,馬陵書局。

29. Critque of Judgement. Translated by J. H. Bernand. London. 1931.